나는 봄의 힘으로 산다

·
·
·

사람의 완성

삶의 완성

사랑의 완성

·
·
·

나는 봄의 힘으로 산다

초 판 인 쇄 | 2007년 11월 12일
초 판 발 행 | 2007년 11월 20일

지 은 이 | 원아(圓我) 유종열
발 행 인 | 신 우 섭
기획 · 편집 | 김 정 은
표지디자인 | 배 진 희, 송 재 덕
업 무 담 당 | 이 동 현

발 행 처 | 도서출판 봄나라
등 록 번 호 | 서울 제 300-2005-28호
등 록 일 | 2005년 2월 28일

전 화 | 02-765-2848
F A X | 02-765-2847
홈 페 이 지 | bomnara.com
주 소 | 서울 종로구 운니동 65-1
월드 오피스텔 904, 905호

온라인구좌 | **국민은행 828-21-0469-951**
예금주 : 신우섭

가 격 | 20,000원
I S B N | 978-89-956705-4-5 03040

<인지 생략>

이 책의 저자인
원아 유종열님의 뜻에 따라
인세를 저자에게
전혀 지불하지 않고
전액을 봄나라 운영기금으로
사용하기로 하였습니다.

나는
봄의 힘으로
산다

봄나라

나는 봄의 힘으로 산다

생각이 아니면 봄이고
봄이 아니면 생각이다.

생각이 주도하느냐, 봄이 주도하느냐,
그것이 문제다.
빛이 주도하느냐, 그림자가 주도하느냐,
그것이 문제다.
진실이 주도하느냐, 거짓이 주도하느냐,
그것이 문제다.

생각이 주도하면
무거워지고 힘들어지고 지겨워지고
짜증이 나고 피곤해진다.

그러나 봄이 주도하면 기운이 넘쳐
저절로 흘러가고 소리치고 노래하는 강물과 같다.

글 쓸 때도 청소할 때도 밥할 때도
걸어갈 때도 말할 때도
봄이 주도하면
머리 아플 일도 없고
힘들 일도 없고 짜증날 일도 없고
겁날 일도 없고 후회할 일도 없다.

봄의 위대한 힘은
천지를 운행하고 만물을 화육하는
바로 그 힘이다.

봄나라는
모든 인류에게
생각을 버리고
우리 안에 내재되고 잠재된
이 봄의 힘을 깨닫도록 하고
나아가서 이 힘을
일상생활에 사용하고
활용하는 삶으로
인도하기 위해
존재하고 있다고 할 것이다.

그렇게 하면
개인들이 행복하게 살 것이며
세상에는 평화가 올 것이고
봄의 능력을
사회의 각 분야에 활용하게 되면
고도의 문명사회가
꽃피어날 것이기 때문이다.

그러므로
나는 봄의 힘으로 산다.

원아(圓我) 유종열

차례

봄 하나_ 나는 봄의 힘으로 산다

봄 둘_ 봄나들이

봄 하나_

나는 봄의 힘으로 산다

이 글은
2007년 2월 12일부터
2007년 10월 26일까지
원아 유종열님께서
봄나라 홈페이지
『원아님의 글』 란에 쓰신 글입니다.

봄 1
봄공부의 대장정

돌아봄 공부를
어떤 이들은
심심풀이 땅콩 정도로 안다.

어쩌다 생각나면 하고
하면
괴로움이 당장 없어지는 줄 안다.

돌아봄 공부는
아편이 아니다.

돌아봄 공부를 통해
평소
놓고 다니고
잊고 지내던
육감을 살려내어
육체의 주인으로
거듭나는 것이다.

그러므로
어찌 산고의 진통이 없이
탄생이 가능하겠는가?
어찌 주인이 되는 길이
식은 죽 먹기란 말인가?

먼저 몸동작 돌아봄을 통해
<봄>의 실마리를 잡은 다음
오장육부
전반에 대한 느낌이나 감각이 살아나
한 순간도
몸의 주인으로서
몸에 대한 감이
떨어지지 않을 정도가 되어야 한다.

그런 연후에야
비로소
몸의 반영인
마음(생각, 감정) 돌아봄이 가능해진다.

이렇게
몸과 마음 돌아봄의 능력을
상당히 얻었다 하더라도
아직 몸과 마음의 주인인
봄을 확연히 깨친 것은 아니다.

아직도
보는 나와 보이는 나로
벌어져있기 때문에
봄을 알지 못한다.

한 고비가 남아 있다.

그래서
끝장을 보기 위해
밖의 보는 나가

안의 보이는 나를 향해
끊임없이 파고드는
본격 돌아봄이라고 하는
대장정이 시작되는 것이다.

여기서
둘이 하나가 되는 동시에
그 하나마저 없는
제로를 깨달아야
무심한 가운데
일심을 운용하는
순리의 삶이
비로소 시작된다.

그리하여
자연 바라봄의 단계를 통해
가슴이 계발되면
정서적으로 더욱 깊어지고
물아일체의 경험을 통해
호연지기를 더욱 기른다.

이렇게 되어야
사람을 바라봄 하기가
훨씬 수월해진다.

그래야
자유자재한 해몽을 구사하여
언제 어디서 누구하고 만나도
막히거나 어긋남이 없어
대긍정이 된다.

그리하여
성리가 완성되고
사랑의 화신이 되어
늘봄에 이르게 된다.

봄 2
진정한 주인

주인은
오직 하나
해도 하나
달도 하나

그러므로
자기 혼자
자기 일한다.

봄나라 건설에
동참하는 이
한 사람도 없어도
다 떠나고
아무도 없어도
의연하게
끝까지
자기 혼자 한다.

남에게
바라지 않는다.
기대하지 않는다.
불평하지 않는다.

이것이
진정한 주인의 모습이다.

봄 3
봄공부를 왜 하는가?

거의 대부분의 사람들의 의식수준은
자기가 누구인지 모르는 미숙한 단계에 있다.
그래서
자기의 몸(느낌)이나 마음(생각, 감정)을
자기로 착각내지 동일시하는 수준에 있다.

그러다 보니
몸과 마음의 주인인 자기가
몸과 마음의 종이 되어 있다.

그리하여
자기는 몸과 마음으로 분열이 되어
자기의 정체성을 상실하여
자기가 누구인지 모르는
얼간이가 되었다.

만물(몸과 마음)을 거느리고 다스려야 할
사람이
거꾸로
만물(몸과 마음)의 지배를 받는 꼴이 되었다.

그러므로
생각이나 물질이나 육체로부터 벗어나
주인이 되고 자유인이 되려면
먼저 몸이나 마음이 내가 아니라는
확고한 개념정리부터 하여야 한다.

사람이 되어야
만물을 거느리고 다스릴 수 있기 때문이다.
사람이 되고
주인의식이 확립되어야
자유와 평화와 행복이 있기 때문이다.

지금과 같이
인간의 의식수준이
몸과 마음의 노예상태로
몸과 마음을 거느리고 다스리지 못하는 한
아무리 물질적으로 풍요한 세상이 와도
정신이 물질을 거느리고 다스리는
봄나라가 서지 않으면
인간의 자유와 평화와 행복은
한 생각 잠꼬대에 지나지 않는다.

몸으로부터 벗어나
몸의 주인이 되는 방법은
단 하나
몸(동작, 느낌) 돌아봄 하는 수밖에는 없다.

또한
마음의 질곡으로부터 벗어나는
유일한 방법은
마음(생각, 감정)을 돌아봄 하는 수밖에는 없다.

이렇게 하여
몸과 마음으로부터 벗어나
몸과 마음을 항상 거느리게 되어야

다음 단계로
몸과 마음을 다스리는 위력을 발휘할 수 있다.

우리가 돌아봄 공부를 통하여
몸과 마음을 접수하면
몸과 마음의 노예에서
몸과 마음의 주인이 되고
몸과 마음은
내가 애지중지 키우는 소나 강아지가 되고
나는 그들의 어진 주인이 되고 사랑하는 엄마가 된다.

이렇게 되어야
사람의 위대한 능력인
생각을
낼 줄만 아는 것이 아니고
생각을
내고들이며
무한궤도를 영원히 이탈하지 않아
만물의 영장으로
우주의 주인으로 커나간다.

그러므로
봄공부는
동물의 의식수준(생각)에서
인간의 의식수준(봄)으로 거듭나기 위해
곧장 가는
바른 길이고
언제 어디서 누구나 할 수 있는
보편적인 길이다.

그래서
돌아봄, 바라봄, 늘봄
봄공부를 한다.

맥박이 뛰고
호흡을 하는 한
봄공부한다.

봄 4
생각의 반격

봄은
나라고 하는 생각이 아니고
한 생각이 일어나기 이전이다.

그러므로
한 생각이 일어나도
그냥 그대로
변함이 없는 것이
봄이다.

생각이 내가 아니고
봄이 나라는 것과
생각은
내가 애지중지 키우고
부리고 사용하는
몸의 반영이라는 점을
확실하게
개념정리 하여야 한다.

봄을
완전히 증득하지 못한
합일의 초기단계에서는
종종
생각이
봄을 밀어내고

주인행세를 하고자 하는
반격이 만만치 않다.

봄은
한 생각 일어나기 이전으로
하나도 없기에
없다는 생각조차 없다.
하나도 아는 것이 없기에
모른다는 생각 또한 없다.

봄은
가난뱅이면서 부자장자이고
일자무식이면서 무불통지이다.

이러한 성리를
확실히 깨닫고 있으면
결코 생각이 꼬리를 달거나
한 순간이라도
봄을 놓치거나 물드는 일이
결코 없을 것이다.

이렇게 되면
부정적인 소리가 나오거나
약한 소리가 나오는 일이
다시는 없을 것이다.

이렇게 되어야
성리가 완성된 것이고
봄을 증득한 것이다.

봄이 증득되어야
봄의 힘으로 사는
막강하고 짱짱한
태평성대가 온다.

봄 5
성리에 입각한 문제 해결

모든 사물은 이치를 벗어나지 않습니다.

이치란
둘이면서 하나이고
하나이면서 둘입니다.
또한 하나이면서 제로이고
제로이면서 하나입니다.

다시 말하면
제로(0) 하나(1) 둘(2)이
삼위일체로 돌아가는 이치입니다.
제로(봄)가 되어야 양쪽의 입장이 보이고
양쪽의 입장을 다 살려
하나의 문장으로 합일이 됩니다.

그러므로
둘이 하나가 되어야 하고
하나는 제로로 돌아가야
제로에서 하나가 나오고
하나는 둘이 됩니다.

제로란 봄입니다.

자기의 입장이나 주의 주장을
돌아봄으로 일단 비워야

비로소
남의 입장이나 주의 주장이 들리고
이해가 갑니다.
남의 입장을 이해하는 과정에서
자기의 입장이나 주의 주장이
더욱 명료해집니다.

이렇게 되어야
둘이 하나로
하나의 원운동으로 돌아가
나도 살고 상대도 살리는
윈윈(win-win, 다스림)이 행해집니다.

이때
사안에 따라
주체가 누가 될 것인지
대중이 잡힙니다.
대중이 잡혀야
어느 한 쪽에 기울어지지 않아서
조화와 균형이 잡힙니다.

이것이
인간관계의 기본이고
의사소통이나 토론을 통한
문제해결의 핵심입니다.

또한
이것이
민주주의의 기본으로서
자유와 평화와 행복의 노하우가 될 것입니다.

봄 6
봄나라가 대도정법이다

모두들 대도정법이라고 주장한다.

그러나
대도정법이라는 말은 있지만
과연 무엇이 대도정법이라는 것을
아직까지 확연히 밝히지 못하여
과연 무엇이 대도정법인지 모른다.

그래서
아직도 인류는 대도정법이 무엇인지 몰라
방황하고 표류하고 있는 것이 사실이다.

대도정법이란
천지만물의 존재와 운행의 법칙이다.

그러므로
시급한 것은
대도정법이 무엇인지를 밝혀
모든 인간이 이해를 하고
공감을 하도록 만들어 주어야
대도정법대로 살아
자유와 평화와 행복에 넘친
사람다운 삶을 살 수 있는데
그것을 모르므로
모든 인간이

우주의 법을 어기고 표류하는 바람에
속박과 갈등과 분열을 자초하여
대도를 이탈한 형벌을
받을 수밖에 없다는 사실을
납득하고 깨닫도록 하는 일이다.

그렇다면
과연 인간이 가야할 대도정법이란 무엇인가?

원자나 세포를 비롯한
물질의 세계나
해와 별과 달을 비롯한
천체의 세계는
물리적인 법칙이나 화학작용을 통하여
우주의 법칙대로 여법하게
순리적으로 돌아가므로
아무런 문제가 없다.

문제는 인간이다.
천지만물은 아무 문제가 없다.

그러나
천지만물의 주인이 인간이므로
인간이 대도를 지키지 않으면
천지도 질서를 잃어버리고
우주의 섭리대로 돌아갈 수가 없다.

인간의 능력은 생각하는 힘이다.
우리는 생각을 방출할 줄만 알았지
생각을 회수할 줄을 모른다.

그래서
회수하지 못한 생각은
계속 축적되어 쌓여서
낮에는 생각으로 뜨고
밤에는 꿈으로 나타나는데도
그러한 생각들을
즉시적으로 돌아봄 하지 않아
회수하지를 못한다.

그리하여
무한하고 영원한
내면의 하늘과 본태양인
봄나를 덮어버려
어둡고 답답한 가운데
봄나(我)라를 잃어버리기에 이르렀다.

그래서
자기가 누구인지
자기가 무한하고 영원한
만물의 영장임을 알지 못하고
물질의 수준
동물의 수준에서 맴돈다.

대우주의 법도를 지키지 못하는 형벌로
진실성을 놓치고
허위성, 분열성, 이중성에 빠져
현재의 자기가 과거의 자기에 대하여
판단, 평가, 심판하는 자해행위와
현재의 자기가 미래의 자기에 대하여
근심, 걱정, 불안, 공포에 떠는 환상에 빠져
대립, 갈등, 투쟁의 삶을 살고 있다.

그러므로
인간을 구제하는 일은
우주의 법도대로 사는 길이다.

우주의 법이란
방출과 회수를 통한 원운동이다.

우리가 우주의 법을 지키는 일은
오직 돌아봄으로
방출된 한 생각을 회수하는 일이다.

돌아봄(바라봄, 늘봄)으로
한 생각을 회수하여야
에너지가 고갈되지 않고 보존되어
시간적으로 영원하고
공간적으로 무한한
봄이 보존되어
천지만물을 거느리고 다스리는
명실상부한 우주의 주인으로
거듭나게 된다.

그러므로
봄나라가 대도정법이다.

봄 7
봄을 거부하고 저항하는 생각

봄은 한 생각도 없는 경지다.

그래서
생각은 봄을 기피하고
거부하고 저항하려는
필사의 노력을 한다.

봄에게
자기 자리를 내어준다는 것은
자기가 망하는 일이고
죽는 일이고
끝나는 일이므로
대단히 두려워한다.

생각이 존속하려면
생각이 목숨을 부지하려면
생각이 꼬리를 물고 일어나도록
하여야 한다.

그래서 나오는 소리가
돌아봄 하기 싫어요,
돌아봄 안하면 안 되나요?
머리가 아파요,
나중에 해요,
이러면서
딴전을 본다.

아니면
봄은
없는 것이고
모르는 것이라는
한 생각을 내고 저장하여
생각이 돋아날 여지를
남기려고 한다.

우주의 법도는
한 생각이 없어야
한 생각이 생겨나고
그 생겨난 한 생각이 소멸되어야
다른 한 생각이 생겨난다.

한 생각을 만들었으면
반드시
한 생각이 일어나기 이전 자리로
돌려놓아야 하는 것이
사람에게 부여된 책무이다.

생각의 돌아봄을 하지 않는 것은
우주의 법도를 어기는 것이다.

봄 8
부부관계

부부는 가정의 핵심이다.

가정이란
우주라고 하는 큰 집의 축소판이고
가정이야말로
사람이 태어나고 자라고 활동하면서
몸을 담고 생을 영위하는
일차적인 보금자리이다.

우리는
몸이라고 하는 각자의 집이 있고
가정이라고 하는 부부의 집이 있고
사회라고 하는 직장의 집이 있고
국가라고 하는 국민의 집이 있고
지구라고 하는 인류의 집이 있고
우주라고 하는 우리의 큰 집이 있어
모두 여섯 채의 집이 있다.

그 중에서
가장 핵심은 각자의 몸이다.
우리의 몸은 우주의 이치에 따라
좌우 음양으로 합해진 구조를 지니고 있다.
음양이 합하여 만들어진 것이
우리의 몸이다.

그러므로
남녀가 가정을 이루고 사는 것은
이치의 당연함이요,
순리자연이다.

그러므로
부부는
천지를 창조하고 운행함으로써
만물 만생령을 화육하는
대우주의 섭리에 따라
그대로 실천하는
구체적이고 기본적인
살림꾼인 셈이다.

부부관계를
몸에 비유하면
왼손과 오른손과 같다.

각자가 맡은 바
소임과 역할은 달라
혼자 할 일은 혼자 하고
같이 할 일은 같이 하면 된다.

그러므로
어느 누가
우월하거나 열등한 것이 아니다.
절대 평등인지라
상대를 제압하거나 간여하여서는 안 된다.

어디까지나
자유가 훼손되어서는 안 된다.

부부는 대우주가 그러하듯
사랑을 실현시키기 위해 존립한다.

부부관계는
계약의 관계가 되어서는 안 된다.
부부관계는
사랑의 관계가 되어야 한다.

부부관계는 소유의 관계가 아니다.
왼손이 오른손의 것이 아니고
오른손이 왼손의 것이 아닌 것과 같다.

계약의 관계가 되면
계약을 이행하라고
추궁하고 감시하고 따진다.

계약의 관계가 되면
거래관계가 된다.

만사만리(萬事萬理)의 기본인
부부관계가
사랑의 관계가 아니고
계약의 관계가 되고
거래관계가 되는 한
둘 사이에서 태어나는 자식도
진정한 사랑을 배우지 못한다.

그들이
형제자매가 되고
일가친척이 되고

회사원이 되고
국민이 될 때
사랑의 관계는 결코 실현되지 않는다.

올바른 부부관계의 정립이 없이는
인간세상의 자유와 평화와 행복은
불가능하다.

부부 중 어느 한 사람이라도
봄공부를 통하여 봄님이 되면
점차 부부관계는
계약과 거래와 소유의 관계에서
사랑의 관계로 변할 것이다.

그렇게 되면
자녀들 또한
자유와 평화와 행복을 누리는
사랑의 인간이 될 것이고
이윽고
가화만사성(家和萬事成)이 이룩될 것이다.

우주의 섭리가 이루어질 것이다.

봄 9
이미지는 실체가 아니다

모양과 색깔에 조금이라도 끌리는 바가 있다면
완전한 주인이 되지 못한 것이다.

지금 여기 눈앞의 사물을 보고
모양과 색깔을 감상하고 즐기더라도
어느 한 가지 그림자라도 남아 있다가
계속 뜨고 끌림이 있다는 것은
그 순간
주인자리를 뺏겼다고 할 것이다.

그러므로
평소에는 이미지에 크게 끄달리지 않는다손 치더라도
어떤 특정의 이미지에 약하고 끌리는 바가 있다면
그 이미지를 지나치지 말고
철저하게 돌아봄, 바라봄 하여
더 이상 그 이미지가 나타나도
조금도 끌리지 않아
이미지가 더 이상 존립이 되지 않을 정도가 되어야
그 이미지를 완전히 타파한 것으로
그 이미지로부터 자유롭다고 할 것이다.

어떠한 이미지이든지 보는 순간
더 이상 이미지가 아닐 경우
거기에
봄이 주인으로 자리를 잡고 있다고 할 것이다.

봄 10
도통 법통 영통과 견성 양성 솔성에 대한 개념정리

도통(道通)이란
센터에 오가는 길을
동서남북
사방팔방
어느 길로도
다 통하고 아는 경지입니다.

법통(法通)이란
언제 어디서 누구에게나
그 사람의 입지에 따라
말로도 할 수 있고
글로도 쓸 수 있고
그림으로도 그려
센터로 안내하는 데
통달된 경지입니다.

영통(靈通)이란
도통 법통을 거쳐
봄이 눈앞에 현전하는
늘봄의 경지입니다.

견성(見性)에는
의식수준의 단계에 따라
돌아봄을 통한 초견성과

바라봄을 통한 중견성
늘봄을 통한 상견성이 있고

양성(養性)이란
돌아봄, 바라봄, 늘봄으로
끊임없이 자기를
맑히고 밝히는
힘을 양성함이고

솔성(率性)이란
봄의 힘으로
몸과 마음을 부리고 쓰며
사는
늘봄의 생활입니다.

봄 11
봄이 성품이요 이치다

봄이 성품이요 이치다.

그러므로
봄이 성리다.

봄이란
보는 자기와 보이는 자기라고 하는
분열이 사라져
오직 봄, 그냥 봄, 온통 봄이다.

보는 자와 보이는 자와의
분열을 치유하기 위해서는
앞생각에 대하여 뒷생각이
돌아봄을 통하여
주객합일이 이루어지게 되는 순간
한 생각도 없어
아무 문제가 없는 봄이 깨달아진다.

무심에서 발하는 빛이
바로 바라봄의 단계로서
늘봄이 되어야
진정한 봄을 증득하여
능소능대하고
자유자재한
능력을 발휘할 수 있다.

봄나라 성리는
합일의 과정을 통해
봄을 깨닫고,
음미하고,
궁굴리는 과정을 통해
봄을 증득해가는 수행과정에서 나타난 이치다.

봄나라에서는
합일(초견성) 이후
생각이 주인이 아니고
봄이 주인이 되어
봄의 힘으로 살기 위한
봄의 증득의 과정에
성리의 연마가 필수과정이라고 할 것이다.

봄 12
봄의 존재성

봄은 깨닫고 못 깨닫고에 관계없이
지금 여기 누구에게나 존재하는
진리이며 길이며 생명이다.

그러므로 봄이야말로 존재의 근원이고
우리가 찾으려고 하는 진아이다.
진아란 하나(1)이면서 제로(0)이다.

그런데
깨닫지 못한 분상에서는
자기 스스로
보는 자기(주체)와 보이는 자기(객체)로 분열되어
현재의식이 과거의식에 대하여
가상적으로 판단, 평가, 심판하고
현재의식이 미래의식에 대하여
가상적으로 근심, 걱정, 불안, 공포를 일으켜
현재의식 수준이
대립, 갈등, 투쟁을 일삼는
허위성과 이중성, 분열성으로
자해행위를 하는 어리석은 삶이다.

그러므로
둘로 분열된 의식을
하나의 자기로 합일시키려면
보는 자기가 보이는 자기를

끊임없이 돌아봄에 의해
시간적으로
과거와 현재(현재와 미래)
공간적으로
안과 밖의 경계선을 허물어뜨려야
하나의 자기로 복원된다.

하나의 자기란
보는 자기와 보이는 자기가 영구히 사라짐이다.
이것이 하나(1)인 동시에 제로(0)이다.
이것을 일러 봄이라고 한다.

이것이 합일의 첫 단계 소식으로
초견성이다.
여기에서 봄의 성리를 연마하여
봄을 증득하여야
생각에 끌려 사는 생각의 노예를 면하고
생각을 자유자재로 부리고 쓰는 단계로
나아가는 공부가 시작된다.

그렇게 되어야
제로의식이 정착하여
어떤 부정적인 생각이나 소극적인 생각이라도
남김없이 돌아봄, 바라봄으로
제로의식으로 복원하는 일이 가능해진다.

제로의식이야말로
원만구족하여
아무런 문제가 없는 열반의 경지이고
만물의 영장이고

우주의 주인인
우리들의 본성이요 진아다.

사람이 존재하는 것은
바로 이 자리를 깨달아 증득하여
자유와 평화와 행복을 누리기 위함이다.

이렇게 되기 위해서는
반드시
봄의 성리를 연마하는 일에 게을러서는 안 된다.

봄의 성리란
한 생각 일어나 문제가 발생한 때가
둘로 분열된 때이고
돌아봄으로 그 한 생각이 사라졌을 때가
즉각 제로의식(봄)으로 복원된 때이다.

이를 달리 말하면
한 생각의 방출에 대해서
돌아봄으로
즉각 한 생각을 회수함이다.

이렇게 되어야
바로 보고
바로 듣고
바로 말하고
바로 행동할 수가 있다.

보다 효과적으로 언행을 구사하기 위해서는
성리의 연마가 있어야

대소유무
선악시비
이해득실
생사일여가 없는 봄의 자리에서
능소능대하고
자유자재하게
격을 넘나들며
지혜를 구사하는
봄의 힘을 발휘할 수 있다.

봄 13
대소유무의 이치

봄은 대소유무를 떠난 초월의 자리입니다.
그러나
그 초월의 자리에도 머물지 않고
그 모르고 없는 자리에서
소소영영하여
앎이 매하지 않고
창조가 이루어지는 묘한 자리입니다.

한 생각도 없는 그 근본 바탕에서
경계를 따라 한 생각(느낌, 감정)이 일어나
무와 유가 끝없이 돌고 돕니다.

그것은
봄 자체가
이미 그러한 성향을 잠재하고 있기 때문입니다.

보는 자기가 없으면
보이는 자기도 사라져
하나의 자기로 돌아갑니다.
이 하나의 자기를 바라봄 하면
밖으로 테두리가 보이지 않습니다.
그리하여 무한대함을 봅니다.
또한 이 하나의 자기를 바라봄 하면
안(낱)이 없어 무한소합니다.

그러므로
우리는 우주의 주인으로 광대무량하면서도
티끌이나 단세포보다 더 왜소하고 작습니다.

여기에서 우리는
언제 누구에게나
이기려면 이기고
지려면 질 수 있는
실력을 발휘할 수 있습니다.

그리하여
승패에 구애되지 않는
제로의식을 견지할 수 있습니다.

봄은 유무를 초월합니다.
그러나 하나의 자기를 바라봄 하면
없으면서도 있고
있으면서도 없음이 감지됩니다.

그러므로
지식이나 재물이나 명성이 있는 자를
부러워하지 않고
지식이나 재물이나 명성이 없는 자를
무시하지 않습니다.

우리는 늘봄으로
만 가지 생각을 내고 들이는
봄의 위대한 능력을 대중 잡아
살아가는 길을
자손만대에 심어주기 위해

늘봄의 생활을 하면서
봄나라를 건설하고 있습니다.

이 글을
지적으로 이해하는 수준에서 그쳐서는 안 됩니다.
생각이 일어날 때는
돌아봄으로 제로의식을 복원하는 한편
한 생각도 일어나지 않는 제로의식에서는
대소유무가 갈무리되어있는 제로의식을
무한대로도 보고 무한소로도 보고
있음(有)으로도 보고 없음(無)으로도 보는 일을
게을리 하지 말아야 합니다.

그래야
봄을 증득할 수 있습니다.

그래야
봄의 힘으로 살 수 있습니다.

그래야
대립, 갈등, 투쟁의 선천세계가 가고
자유와 평화와 행복에 넘친 후천세계가 옵니다.

봄 14
생사일여

봄이 생사일여이다.
삶이라는 생각과
죽음이라는 생각은 다르다.
삶이라는 한 생각이 일어나므로
죽음이라는 한 생각이 일어난다.

삶이라는 한 생각을
끝까지 돌아봄 하면
제로의식(봄)이 되어
죽음이라는 생각도 존재하지 않는다.

그러므로
제로의식(봄)에서는
삶과 죽음이 하나다.

살아생전에 죽어보아야 한다는 말이
바로 이것을 말한다.

보는 자기가 없고
보이는 자기가 없는
하나의 자기가
봄인데
봄은 죽음인 동시에 삶이고
삶인 동시에 죽음이다.

그러므로
죽음이 무엇임을 아는지라
미래에 있을 죽음이 두렵지 않은 것이다.

이미 죽어 본 것이다.
봄은 이미 생사해탈이다.

하나의 자기는
하나의 자기라는 것도 없으므로
죽을 자기가 존재하지 않는다.

그리하여
봄은 무한하고 영원하다.

봄 15
초월과 참여

봄은 초월인 동시에 참여이다.

초월로 말하면
천지만물이
대소유무도 없고
선악시비도 없고
생사고락도 없고
시간 공간도 없고
그 없다는 것도 없다.

그러나
참여로 말하면
천지만물을
창조하고
운행하고
기르고
포용하는 데
참여하지 않음이 없다.

전자를 평등성이라면
후자는 차별성이다.

초월과 평등만 알고 집착하면
하늘만 쳐다보다가
구덩이에 빠지는 것과 같고

참여와 차별만 알고 집착하면
땅만 쳐다보다가
드넓은 하늘이 있는 줄 모르는 것과 같다.

그러므로
봄의 성리는
초월인 동시에 참여이고
평등인 동시에 차별이다.

이러한 봄의 성리를 연마하여
봄을 증득하여야
초월에 떨어지지도 않고
참여에 떨어지지도 않는다.

봄을 증득하여야
이상과 현실의 괴리가 극복되고
평등과 차별로 벌어지지 않는다.

같은 줄만 알고 다른 줄을 모른다면
진실로 봄을 증득하지 못한 것이다.

봄 16
능소능대

봄은
무한하고 영원한
존재의 근원이므로
능히 사물에 따라
커지기도 하고 작아지기도 한다.

능히 커지고
능히 적어질 수 있는 것이
봄의 위력이다.

커지기로 말하면
무엇이든지 포용할 수 있고
작아지기로 말하면
티끌보다 못하고
벌레(단세포)에게도
먹힐 수 있는 것이
봄이다.

그러므로
봄은
이기려고 하면
언제든지 이길 수 있고
지기로 말하면
언제든지 질 수 있는 것이다.

봄을 깨달아 증득하여야
능소능대하여
이기고 지는 것을
자유자재로 할 수 있다.

그러기 위해서는
현재의식이 크지도 작지도 않은
봄이 존재하여야 한다.

봄 17
선(善)과 악(惡)

본래
선과 악이라는 율법이나 규정이 있는 것이 아니다.

봄은
한 생각이 일어나기 이전이므로
착하다는 한 생각이나
악하다는 한 생각이
없는 자리다.

그렇다고 해서
아무렇게나 해도 된다는 말은 결코 아니다.

단지 사람들이
이런 생각이나 행동을 하는 것이 착한 것이고
저런 생각이나 행동을 하는 것이 악하다는 것은
시대나 지역에 따라 형성된
과거의 전통이나 윤리도덕으로서
하나의 선입관이나 고정관념에 지나지 않는다.

그것은 집단의식이나 관행으로서
자유로운 생명의 발현이라기보다
그 당시에 필요에 의해
인위적으로 형식과 룰을 정하여
질서를 잡으려고 했던 것이다.

한 마디로 하면
한 생각이 주인노릇을 하는 것이므로
한 생각의 노예를 면치 못하는 것이다.

선과 악이라는 한 생각이 일어나기 이전이
바로 봄이요, 주인이요, 생명이요, 길이다.

과거의 기준이 윤리도덕이나 선악관이다.
선악이 없는 자리인 봄(대아)에서
순간순간 한 생각과 행동이 저절로 나와야
창조가 되고 진정한 선악의 취사가 이루어진다.

그러므로
봄에서 나온 생각과 행동이라야
진정한 선(善)이요,
절대의 선(善)이다.

봄은
과거의 모든 율법으로부터 벗어난 자리다.
거기에서만 진정한 창조가 이루어지고
우주적인 섭리가 이루어진다.

형식이나 틀에 매여서 나온
생각이나 언행이란
답습이요, 모방이요, 굴종으로서
생각의 노예이지
생각의 주인이 아니다.

봄이야말로
생각의 주인으로

과거의 선악이라고 하는
율법에 구속되지 않는
자유롭고 진실한
창조적인 삶임을 알아야 한다.

봄은
고정관념을 벗어난 자유의 경지요,
완전무결한 창조적 상태다.

사람들은 바르게 사는 길이
과거의 전통을 답습하고 복종하는 것이고
선을 행하는 것이라고 여긴다.

그러므로
과거의 선악관에 붙잡히지 말고
선악이 없는 봄의 자리에서
봄이 명하는 대로 사는 것이
진실의 행이요,
진정한 선(善)임을 알아야 한다.

봄이야말로
진실이고
진실에서 나온 것이 선이고
그렇게 사는 늘봄의 생활이
아름다운 세상이라는 것을
실감하여야 한다.

그러므로
선입관이나 고정관념화 된 선(善)을
추구하고 따르는 것이

대립, 갈등, 투쟁의
분열의 삶이요,
미숙한 삶이요,
노예의 삶이므로
선이 아니라
오히려 악이라는 사실을 알아야 한다.

봄 18
부정과 긍정

분열이 일어나는 경우는
앞생각에 대하여 뒷생각이
판단, 평가, 심판을 통해
부정적인 한 생각을 일으킬 때이다.

그 순간
부정적인 한 생각을 돌아봄 하지 않으면
부정적인 한 생각은 꼬리에 꼬리를 물고
새끼를 쳐
분열이 심화되면서
대립, 갈등, 투쟁으로 치달아
속이 상하고 썩어 문드러지게 된다.

이때
대부분의 사람들은
그러한 아픔이 괴롭고 싫어
국면을 전환한답시고
부정적인 생각이나 느낌이나 감정을
놓아버리려고 하고
잊어버리려고 하고
따돌리려고 하고
심지어는 없애려고 하는
또 하나의 생각을 일으켜
도피하고
방치하여

닦지 않으므로
임시미봉책에 그치고 만다.

그리하여
근본적인 문제해결을 하지 못한 채
내면에 그대로 남아
잠재되고 쌓여
카르마(업)가 되고
스트레스가 되고
우울증이 되고
화병이 된다.

대립, 갈등, 투쟁이라고 하는
마음의 혼란을
깨끗이 닦고
넘어가려면
부정적인 한 생각이 사라질 때까지
그냥 돌아봄 하기만 하면 된다.

긍정적인 한 생각이
떠오르는 경우는
분열이 아니므로
아픔이나 괴로움이 되지 않는다.
그러나
긍정적인 한 생각도
돌아봄 하지 않고 넘어가면
선입견이 되고 고정관념으로 정착하여
봄의 광명을 가리고 덮어
봄을 상실하게 되는 요인이 된다.

그러므로
부정적인 한 생각을
따돌리고 회피하고
다른 생각을 일으키는
조건반응이랄까
어리석은 습관이랄까
집단의식이라는 것을
생활 가운데서
돌아봄으로 알아차려야 한다.

그렇게 되면
부정적인 한 생각이 일어날 때마다
따돌리거나
도피하지 않고
정면으로 있는 그대로를
돌아봄 하지 않을 수 없고
천번 만번 억만번 부지기수로
돌아봄의 생활을 하노라면
어떤 부정적인 생각이나 느낌이나 감정이
일어나도
돌아봄의 힘으로 벗어나
바라봄의 힘으로 비추어
그림자를 지울 수 있다는
자신감과 실력이 생긴다.

이렇게 되어야
봄이 빛이고
생각이 그림자라는 것을
확연히 알게 되어
부정적인 생각을

긍정적인 생각으로
돌리고 운행하고 다스릴 수 있는
봄의 힘을 증득하였다고 할 것이다.

봄은 빛이기에
반드시
생각이라는 그림자가 따르는 법이고
부정적인 생각이 나쁜 것이 아니고
부정적인 생각이 있기에
긍정적인 생각도 있게 되는
묘한 이치가 있음을
간파하여야
진정 봄의 성리를 알았다고 할 것이다.

봄은
부정을 통해 긍정을 키우고
긍정마저 부정함으로써
무한하고 영원한 속성
제로의식
순수의식을
보존하고 유지한다.

그러므로
봄은
부정과 긍정으로 분류되는
한 생각 그림자도 없는
완전무결한 빛이요,
본태양이요,
대긍정이다.

봄 19
명암일색(明暗一色)

봄은
명암을 초월하여 존재한다.
명이면서 암이고
암이면서 명이다.

봄은 마치
동전의 양면이
동시에 존재하는 것처럼
명암이 동시에 존재한다.

명으로 보면
산은 산이고 물은 물로
언어명상(言語名相)이 완연(玩然)하고
동시에
산도 물도 없어
언어명상이 돈공(頓空)하여
알아봄이 몰라봄이고
몰라봄이 알아봄인지라
오직 봄
그냥 봄
온통 봄이다.

명암일색(明暗一色)인지라
명을 좇아
모르는 것이 없어

지혜가 구족하고
암을 좇아
아는 것이 없어
안심입명(安心立命)이다.

봄은
빛과 그림자를 아우르고
명과 암을 내포한다.

그러므로
봄은
명도 아니고 암도 아니다.
명이면서 암이고
암이면서 명이다.

그러므로
봄은
완전무결하고
전지전능하다.

그러므로
봄은 봄도 아니다.

봄 20
시비선악(是非善惡)

시비선악이란
옳다 그르다
좋다 나쁘다 라고
판단, 평가, 심판하는
하나의 결론에서 비롯되어 나온
하나의 생각이요, 언행이다.

그러므로
어떠한 결론일지라도
그냥 넘어가면 안 된다.

반드시
돌아봄, 바라봄으로
제로화시켜
어떤 결론도
어떤 주장도
없는
제로의식
평상심
대무심으로
돌려놓아야 한다.

거기에서부터
출발하여야 한다.

그렇지 않고
내적인 혼란(대립, 갈등, 투쟁)에서 출발하면
외적으로도 혼란은 그치지 않기 때문이다.

주관적인 어떤 결론이나 주장이 없는 자리로
돌아가는 것이
우리가 해야 할 첫 번째 일이다.

그래서
우리가 늘봄의 생활을 한다.

늘 봄이란 늘 닦음이다.
늘 생각, 느낌, 감정이 일어날 때마다
지체 없이 바로
보고 닦아
순수의식을 보존한다.

그러므로
봄은 체성이면서 작용(방출과 회수)이고
작용 그 자체가 체성이 되어
체와 용이 둘이 아니다.

봄은
시비선악을 떠난 자리이므로
지공무사하고 원만구족하여
시비선악을 초월하므로
시비를 하여도
시비가 남지 않고
시비에 떨어지지 않는다.

몸이
생각의 주인이므로
시비선악을 경계에 따라
부려 쓸 수 있기 때문이다.

봄 21
이기(理氣)의 문제

이기의 문제가 성리학의 핵심이고
성리학은 주자학에서 비롯되었고
주자학은 유교에서 비롯된 것이다.

이(이치)와 기(기운)를
어떻게 보느냐에 따라
이기일원론이 나오고
이기이원론이 나오기도 한다.

이 전통이
조선의 퇴계 율곡에 이르기까지
한결같은 주제였다.

봄나라 성리를 논하는 마당에
비록 학문은 아니지만
성리라는 말을 우리가 사용하는지라
한번쯤 거론하고 넘어가야 한다.

이치를 봄이라면
기운은 생각(느낌, 감정)이다.
이치를 본체라면
기운은 작용이다.

그러나
작용이 없이는 본체가 보존될 수 없고
본체를 유지하는 것이 바로 작용이다.

그러므로
이치와 기운은 결코 둘이 아니다.

내고들임
확장과 축소
방출과 회수라고 하는
기운이 작동되어야
에너지가 보존되고
에너지가 보존되어야
이치 또한 보존된다.
이것을 알아서
그대로 하는 것이
대도정법이다.

그러므로
한 생각 일어나면
즉시 돌아봄, 바라봄으로
한 생각 일어나기 이전 자리로
돌려놓아야 하고
한 생각도 일어나지 않으면
성리연마를 통해
한 생각을 내고 들이는
연습을 부지기수로 하여야
무한하고 영원하게 돌아가는 이치가
존립하게 된다.

그러므로
봄을 보존하려면
고요하고 일없는 자리만
지키려고 해서는 안 된다.

고요하기만 하면
자칫 해이해지거나 흐리멍덩해져
고요하면서 뚜렷한 봄의 자리를
지켜낼 수가 없다.

공부가 진척되어
쓸데없는 생각이 줄어들 정도가 되면
스스로 한 생각을 갖고 놀면서
봄을 누리고 음미할 줄 알아야 한다.
그것이 성리연마라는 것을 알아야 한다.

운행이 되지 않는 봄은
이치를 보존하지 못하여
적적성성(寂寂惺惺)이 될 수 없다.

그러므로
일하는 가운데
생활 가운데
봄공부를 하는 것이 최선이다.

봄 22
공간과 시간

봄은
알고 모름을 초월한 존재의 근원이다.

봄은
시간과 공간을 초월한 그 무엇이다.

그러나 자세히 보면
거기에 공간에 대한 감각이 있고
시간에 대한 생각이 있다.

공간이 천지인을 이루는 바탕이라면
시간은 천지인을 전개하는 운행이다.

생각에는
알고 모름이 있고 막히고 트임이 있으나
감각은
알고 모르고 막히고 트임이 없다.

그러나
돌아봄을 하지 않아
생각의 일어남을 알아차리지 못하여
생각으로부터 벗어나지 못하면
생각이 꼬리에 꼬리를 물고
작위적으로 연속되는 바람에
일시적으로 막히고 덮여
감각이 제 기능을 발휘하지 못한다.

생각을 모조리 알아차리고
생각으로부터 벗어나
생각이 사라져야
바라봄이 되어
제대로 감각이 회복된다.

생각은
간헐적으로 일어나고 사라지고 바뀌지만
감각은
생각의 방해를 받지 않는 한
여여하다.

그러므로
하늘에 태양이 항시 빛나듯이
감각은 항상 빛나고 있다.

그러므로
우리가 할 일은
항시 감각이 살아있도록
생각을 돌아봄으로 알아차리고
생각에 대한 주도권을 행사하는
돌아봄, 바라봄을 하여야 한다.

그리하여
감각을 온전히 하여
생각이 궤도를 이탈하지 않도록
생각의 방출과 회수를 통하여
끊임없이 비추고 돌리고 주도하는 것이
감각과 생각의 합작으로서
삶의 올바른 궤도운행이 가능하다.

감각이 탁월하여야
직관력과 형세판단이 서고
생각의 방출과 회수가 제대로 이루어져
수읽기가 정확하고 창조적이 되어
초일류기사가 되는 이치다.

하늘이 먼저이듯이
감각이 먼저이고
감각이 제대로 살아야
생각도 제대로 돌아간다.

공간 즉 바탕이 서야
시간 즉 운행이 가능한 이치다.

이와 같이 우리의 삶도
감각이 먼저 서야
생각이 제대로 구사된다.

일을 도모하기 전에
자세히 안과 밖을 봄 한 연후에
생각으로
일을 단계적으로 착수하고 추진하여야 한다.

이것이
삶의 핵심이요,
대도의 운행이다.

봄 23
진실과 거짓

진실이란 지금 여기다.
지금 여기란
감각이 활짝 열림이다.

감각은
거울과 같아
지금 여기
있는 그대로가
드러남이다.

이것이 진실이다.
외면의 자연이나 사람이나 사물도 마찬가지고
내면의 생각이나 느낌이나 감정도 마찬가지다.

그러므로
진실은
감각이 주도하여
생각에 이끌림이 없어야 하고
생각이 있더라도
감각이 살아있으면
생각을 다스리고 부려 씀으로
진실을 벗어남이 아니다.

생각은
과거에 연루되어 일어난 것이므로
새로운 것이 아니고 낡은 것이다.

생각이 감각의 도움을 받지 않고
주도적으로 일어난 것은
우주운행의 궤도를 이탈한 것으로
거짓이요, 환상이요, 허위다.
감각만이 현실이요, 진실이다.

그러나
감각이 살아있는 가운데
발해진 생각은
생각이라도
지금 여기를 여읜 것이 아니다.

생각은 본질상
이중성이요, 허위성이요, 분열성이다.

그러므로
감각이 활짝 열리려면
과거에 대한 한 생각(판단, 평가, 심판)을
감각하여야 하고
미래에 대한 한 생각(근심, 걱정, 불안, 공포)을
감각하여야 하고
현재 벌어지는 대립, 갈등, 투쟁을
감각하여야
거짓에 빠지지 않고
진실을 보존할 수 있다.

그러므로
한 생각도 없어야
감각이 진실하고
한 생각을 일으켜도
한 생각을 감각하면
한 생각도 진실하다.

봄 24
정중동(靜中動) 동중정(動中靜)

정(靜)이란 고요하다는 말이고
동(動)이란 움직인다는 말이다.

현상이나 부분으로 보면
동과 정은 다르나
본질이나 전체로 보면
동과 정은 다르지 않다.

진리적으로
성리적으로 보면
정중동이요 동중정으로
서로 묘하게 상합한 가운데
존립한다.

공간의 감지능력인
감각을
하늘에 떠있는
태양이라고 보면
시간의 운행능력인
생각은
태양의 주변을 도는
별(몸)이나 달(마음)과 같다.

그러므로
태양이 없으면

지구나 달도 없고
자전공전도 불가능하다.

이와 같이
감각은 태양처럼 부동하여
고요하고
생각은 별이나 달처럼
움직인다.

그러므로
정과 동은
각각으로 존재하는 것이 아니고
서로 의존하여 존립한다.

먼저
감각으로
시대와 지역,
주변과 사태에 대한
형세를 감지하고
대중 잡은 연후에
생각으로
추리하고 예측하여
수읽기를 한 다음
순차적, 단계적으로
언행을 구사하며
살아가야 한다.

이것이
우주의 운행에 따른
대도로서

그렇게 하면
성공하고
그렇게 하지 않으면
실패가 되는 것은
이치의 당연함이다.

정중동(靜中動)이란
감각이 활짝 열린 가운데
생각을 부리고 씀이고
동중정(動中靜)이란
생각을 구사하는 가운데
감각을 여의지 않음이다.

간추리면
생각하고 말하고 행하는 가운데
돌아봄, 바라봄이 있어야
오직 봄, 그냥 봄, 온통 봄이 되어
정중동 동중정이 이루어진다.

봄 25
대아와 소아

대아는 전체성 영원성이요,
소아는 부분성 순간성이다.

봄(감각)을 대아라고 하면
생각은 소아다.

그러나
감각이 활짝 열린
봄에서 발해진 생각은
정견(正見)에서 나온
정사(正思), 정언(正言), 정행(正行)으로
대아에 따르는 소아의 삶으로서
결국 대아적이고 무위적인 삶이다.

감각을 여의고 발해진 생각이나 언행은
우주의 이치를 배반하게 되어
소아적이고 유위적인 삶이다.

생각이 주인이 되어 발한 언행은
우주의 궤도를 벗어나
미아가 되어 헤매는
그릇되고 거짓된 삶으로
외로움, 괴로움, 서러움, 두려움, 싸움에 시달린다.

그러므로
감각이 주인이 되어
생각을 노복처럼 부리고 써야
올바른 삶이고
생각이 주인이 되어
감각을 여의고 살면
그릇되고 어리석은 삶이다.

문제는
생각을 다스리고 부리기 위해서는
감각을 계발하여야 한다.
감각이 활짝 열리기 위해서는
생각의 작위적인 개입을
미연에 방지하고 차단하여야 하는데
그것이
생각의 돌아봄, 바라봄 연습으로
늘봄이 되어야
감각이 활성화 되어
생각을 다스리고 부릴 수 있다.

감각이 제 기능을 발휘하기 위해서는
늘봄이 되어야 하고
늘봄이 되어야
생각의 주인이 가능하다.

그러므로
감각이 활짝 열림이
대아이고
대아가 주체가 되어야
소아를
거느리고 다스리고 부릴 수 있다.

감각과 생각의 주종관계가
바로 서야
바르게 삶이고
이것이 이루어져야
대인이고, 도인이고, 봄님이다.

봄 26
진공(眞空)과 무기공(無記空)

진공은 감각이요,
무기공은 생각의 영역이다.

생각은 생각을 감각하지 못한다.

생각과 생각의 사이에
일시적으로
빈 공간을 무기공이라고 한다.

그것은 감각이 아니고
생각의 흐름상 나타난
흐리멍덩한 생각의 조각일 뿐이다.

그러므로
무기공은
생각이 일어나기 이전 자리가 아니고
미숙한 생각의 일종이다.
이것은 감각(봄)이 아니다.

그것은 생각의 일종이지
생각이 전무한 감각이 아니다.

그러므로
거기에서는
생각이 연속적으로 꼬리를 문다.

거기에서는
생각이 없다는
한 생각이 일어나기 마련이고
생각이 없다는
한 생각을 일으켜도
일어난 줄을 감각하지 못한다.
감각이 아니고
생각이기 때문이다.

진공이라야 감각이다.
감각이라야 생각을 알아차릴 수 있다.
감각이 생각의 주인이다.
감각으로
생각을 내기도 하고 들이기도 하고
알아차리기도 하고
다스리고 부리고 쓸 수 있다.

생각에는
유무(有無)가 있지만
감각에는
유무가 없어
절대무(絶對無)이다.

절대무가 진공이고
생각으로서의 무는
무기공이다.

봄 27
감각은…

감각은
생각 이전으로
생각이 아니고
생각이 일어나는
바탕이요,
빛이요,
에너지다.

감각이 없이는 생각도 없다.
감각이 있어야 생각도 있다.

감각은
하늘에서
빛나는 태양이다.

감각은
움직이지 아니하고
빛나는
존재의 근본이다.

감각은
물질이 아니고
물질을 만드는
영(靈)이요,
얼이다.

감각은
시작과 끝이 없고
안과 밖이 없고
텅 비어
우주만유를
창조하고
운행하고
포용하고
포섭된다.

감각은
텅 빈 가운데
꽉 들어차
공간적으로 무한하고
시간적으로 영원하다.

감각이
하늘(진공)이다.
감각이
태양이다.
감각이
진리요,
길이요,
생명이다.

감각이
봄이다.

봄 28
새로워야 생기가 돌고 활기가 찬다

심심하다
권태롭다
싫증난다
다 같은 말이다.

새록새록
새로움이 느껴져야
신명(神明)이 난다.

늘 움직이던
수족이지만
움직임을 느껴보고
늘 보던 풍경이지만
처음으로 보듯
동영상 촬영을 하고
늘 뜨고 지는 생각이지만
처음 보듯 감각하노라면
감이 살아나면서
심심함이 자취를 감춘다.

심심풀이 땅콩 식으로
한 생각을 좇아가는 것은
임시미봉에 그쳐
평생 심심함에 쫓겨 다닌다.

심심함이란
사물을
생각(지식이나 기억)을 통해
볼 때
생기가 죽고
감각이 떨어지는
현상이다.

감각은 새로움이고
생각은 낡음이다.

낡은 것이 들어서면
기운이 떨어지고
감각이 무디어진다.

낡은 것은
권태롭고
싫증이 나고
심심해진다.

새로워야
생기가 돌고
활기가 차진다.

언제나 처음 태어나
세상을 바라보는
그런 눈으로
모든 소리를
처음 들어보는
그런 귀로

순간순간
몸과 마음 돌아봄, 바라봄으로
살아야
감각이 활짝 열려
심심하지 않고
권태롭지 않고
싫증이 나지 않아
생기 있고
활기차게 산다.

봄 29
플러스(+) 마이너스(-) 제로(0)의 이치

감각이 활짝 열려
하늘이 열리고
만물이 모조리 품어져야
보는 주관이 없어지고
보이는 객관도 따로 없어
주객합일
물아일체
혼연일체가 되어
바라봄(감각)으로
한 생각도 어른거리지 않아
광명이요,
순수의식이요,
제로(0)에너지다.

이 힘은
현상의 작용을 떠나
별도로 존재하는 것이 아니고
부단히 작용하여야
존립하는 힘이므로
보고 듣고 작용(감각)하여야
감이 떨어지지 않아
무한하고 영원한 힘으로
생생하게 유지되고 보존된다.

방출(마이너스)과 회수(플러스)작용이
끊임없이
이루어짐으로써
제로에너지가 존재하고
제로에너지가 존재하여야
방출과 회수작용이 가능하여
무한하고 영원하다.

제로에너지는
플러스(+) 마이너스(-) 작용이
반복될 때
제로(0)가 존립되고
제로(0)가 존립함으로써
플러스(+) 마이너스(-) 작용이
가능하다.

이 힘은
순수하고 신선하고 깨끗하며
충만 되고 풍요로워서
아무리 쓰고 부려도
결코 닳거나 줄어들지 않는다.

그래서
이 힘을 증득하고
부리고 쓸 수 있어야
동물의 세계를 벗어나
만물의 영장을 실현하고
인간을 완성한 것으로
자기를 구원한 것이고
소원을 성취한 것이고

나라에 충성한 것이고
조상에게 효를 한 것이고
진실로
출세(出世)를 한 것이다.

이른바
천상락 열반락이
이것으로
이것과 바꿀 것이
아무것도 없고
이것 이상 가는 것이
아무것도 없는지라
보고 듣는 감각이
흐릿하고 가물가물해지기 이전에
순간순간
번쩍번쩍 깨어난다.

이것이
진리의 수레바퀴를 돌림이다.
이것이
삶을 운전함이다.

이것이
무한하고 영원한
제로에너지를 보존하고 누림이다.

이것이
늘봄의 생활이다.

봄 30
하나와 제로의 운용

눈으로 봄 하고
귀로 들어봄 하고
자기 말소리 들어봄 하고
일체처 일체시에
수족을 놀려봄 하는 것은
하나를 쓰는 유위법이다.
여기까지가 돌아봄의 공부이다.
이것이 일심의 운용이다.

이 유위법이
지극하고 간절하여
정성을 다 하고
공경을 다 바쳐
끊어짐이 없을 때
최후의 그 한 생각마저 사라져
감각이 활짝 열리면서
여기서부터
바라봄의 차원이 되면서
제로를 쓰는 무위법이 된다.
이것이 무심의 운용이다.

그러므로
돌아봄으로
일심을 만들어
지극정성을 다 할 때

바라봄으로 무심이 되어
유유자적한다.

그러므로
오직 돌아봄(일심)
그냥 바라봄(무심)
온통 봄(늘봄)의 생활이다.

극과 극이 통하는 이치다.

바라봄이 되어도
다시금 돌아봄으로 돌아가야
내고들임에 절도가 맞아
무한하고 영원하다.

그러므로
하나를 운용하지 않고
제로만 구하고 지키려고 하면 안 된다.

반드시 하나를 운용하여야
제로가 존립되고 보존되며
제로가 존립하여야
하나가 작용한다.

봄 31
일심(一心)과 무심(無心)

무심(0)을
바탕, 빛, 에너지라면
일심(1)은
천지를 운행하는
창조적 작용이다.

일심의 공력이 들어가야
궤도를 이탈하지 않고
진리의 수레바퀴가 돌아가
의식과 무의식이
하나가 되고
대중이 잡혀
무심(0)이 존속된다.

그러므로
무심을 깨달았다고
일심의 공력을 들이지 않으면
궤도를 이탈하여
당장 무기공(無記空)에 빠져
손가락 하나 움직일 힘조차 없어
속이 상하고
괴롭고
찌그러진다.

일심을 견지하려면
몸 돌아봄
마음 돌아봄으로
의식과 무의식으로
두마음으로 분열되지 않도록
동정일여(동중정, 정중동)
몽중일여
숙면일여가 되도록
부단히 공을 들여야 하고
사람을 대함에
공경심을 놓지 않고
사물을 대함에
지극정성을 바쳐야
서로 맞서는
상극(相剋)의 에너지가
원운동으로
하나가 되면서
상생(相生)이 되어
무심(늘봄, 각성)이 보존된다.

둘이
하나가 되어야
하나이면서
동시에 제로다.

마음이 흐트러지지 않도록
모으고 모으는 공력이
일심이요,
돌아봄이요,
기도요,
명상이다.

이렇게 벌어들여 놓아야
이렇게 회수(回收)하여야
무심이 되어
넉넉하고 가득하여
생기와 활력으로 넘쳐나
호연지기(浩然之氣)가 되어
주고 베풀고 살리기 위해
에너지를 방출(放出)할 수 있다.

그러므로
무심을 깨닫기 이전에도
일심의 공력을 들여야 하고
무심을 깨달은 후에도
일심의 공력을 계속 들여야
무심(제로에너지)이 존립되어
향상일로(向上一路)
무시무종(無始無終)의 길을 간다.

무심(봄)이야말로
하늘의 빛이요 힘으로
무한하고 영원하며
전지전능한
힘이다.

이 봄의 힘을 증득하여야
신통력으로
건강과 지복을 누린다.

지극정성으로
일심이 되어야
무심도 존립한다.

일심과 무심은
따로 존재하는 것이 아니라
동전의 양면과 같이
동시에 존재한다.

무심을 증득한
그 힘으로
일심을 기울여 쓰는 능력이
신통력이다.

지금부터는
과학 기술력과
도학을 통한 신통력이
맞물려 돌아가는
정신과 물질이 조화로운
대문명 대선경사회
봄나라가 도래한다.

봄 32
감각과 생각의 운용

감각은 플러스(+)인지라
가다듬고
많이 쓰면 쓸수록
줄어들지 않고
오히려 벌어들여
불어나고 커져
무한대해지고
밝아지고
생명력으로 약동한다.

생각은 마이너스(−)인지라
쓰면 쓸수록
줄어들고
쪼그라들어
무한소가 되어
어두워지고
기진맥진하여
생명력이 쇠퇴한다.

그러나
감각이 활짝 열려
한 생각도 없는 가운데(0)
한 생각을 지극정성 일심(1)으로
부리고 쓰면

아무리 한 생각을 내어도
즉시 보충이 되어
생명력을 보존한다.

결국
감각과 생각이
양 날개로
음양으로 작용하여
균형 잡히고
조화로워
무궁한 하늘을 난다.

그렇다면
감각과 생각을
부리고 쓰는 자는
누구입니까?

봄 33
일심으로 감각을 일깨우자

몸 돌아봄,
마음 돌아봄은
일심으로 감각을 일깨우기 위함이다.

감각을 살리는 것이
생명력(생기, 활력)을 존속시키는 것이다.

잠시라도 중지하면
몸이 식고 아프고
마음이 혼란스러워지고
안절부절 헤맨다.

일심의 공력을 들여야
들인 만큼 생명의 환희를 누린다.
건강과 지복을 누린다.

이것이
공명정대한
우주의 섭리다.

이것이
사람의 길이다.

봄 34
숙면일여(熟眠一如)

지구는
낮과 밤으로 이루어진다.
명과 암, 음과 양, 선과 악으로 이루어진다.
그러므로
지구는 욕계중생이 사는 세상이다.

그래서
음과 양이 대립, 갈등, 투쟁을 하는 세계다.
그래서
판단, 평가, 심판을 통한
자해행위를 하고
근심, 걱정, 불안, 공포라고 하는
거짓과 허위에 떨어져 산다.

이러한 환경조건을 벗어나
자유와 평화와 행복을 누리는
삶을 살려면
둘이 하나가 되어야 한다.

그것도
어느 하나가 상대를 멸망시키는 승리가 아니라
둘 다 공존하면서
균형과 조화를 이루는
하나(win-win, 윈윈)가 되어야 한다.
그래야
자유와 평화와 행복이 이루어진다.

그렇게 되려면
동정일여(動靜一如)
몽중일여(夢中一如)
숙면일여(熟眠一如)가 되어야 한다.
자나 깨나 앉으나 서나
오매일여(寤寐一如)가 되어야 한다.
일심(一心)이 되어야 한다.

그 중에서도
낮에 깨어있음,
의식과
밤의 잠,
무의식이
공존하는
숙면일여(熟眠一如)
오매일여(寤寐一如)가 되어야
지구라고 하는 환경조건을 벗어나
욕계중생(欲界衆生)을 면할 수 있다.

양자택일(兩者擇一)이 아니라
양자가 공존하면서
하나가 되는
통일장(統一場)이 이루어져야 한다.

그렇게 되려면
밤에 깊이 잠들어서도
깨어있을 수 있는
적적성성(寂寂惺惺)의 경지가 되어야 한다.

숙면일여가 되려면
동정일여, 몽중일여가 되어야 한다.

숙면일여가 되어야
음양을 초월한다.

음양을 초월하여야
동물성을 초월하여
도(道)의 경지에 들고
사람이 된다.

동정일여
몽중일여
숙면일여의 경지가 되는
빠르고 쉬운 방법이
몸 돌아봄
마음 돌아봄
자연 바라봄
늘봄의 생활이다.

움직여 봄
정지해 봄
꿈꾸어 봄
깨어 봄
잠들어 봄

오직 봄
그냥 봄
온통 봄이다.

봄은
일심이요,
공경이요,

정성이요,
공들임이다.

여기에서
지혜가 나오고
에너지가 나오고
신통력이 나오고
건강과 지복(至福)이 나온다.

봄 35

일심의 공덕

일심이란
몸 돌아봄
마음 돌아봄을
생활 가운데
실천하는 가운데
일거일동을
지극정성으로 하면
서로 대립, 갈등, 투쟁하는
두 개(음양)의 에너지를
하나로 합일시키는
조화와 균형의 능력이 생겨
몸과 마음이 잘 돌아가
몸과 마음이 건강하고
생기와 활기로 넘쳐난다.

일심으로
공덕을 짓고
벌어들여야
다음 차례
힘 안들이고
저절로
무심으로
심신을 사용하여
자기를 살리고
남을 살린다.

일심의 공력이 있는 한
제로에너지는 영구히 보존되어
음양합일 음양조화가 되어
열반락 천상락을 누린다.

이 무한하고 영원한 에너지를
보존하고 사용하기 위해서
우리는
일심으로
늘봄의 생활을 한다.

봄 36
들고 남에 일심이 다 필요하다

음양, 명암, 선악으로 분열된 마음을
하나로 복원시키기 위해서
일심의 공력이 들어가야 하는데
그것이 본격 돌아봄이다.

간절하게
안으로 파고들어가
더 이상 마음의 분열이 멈추어져야
합일이다.

하나가 되고 보면
하나이면서 제로여서
일심이면서 무심이다.

무심이란
절대무요,
진공으로
깨달음이다.

깨달아 증득하여야
한 생각을 부리고 쓸 수 있는데
여기서도 일심의 공력이 들어가야 한다.

깨닫기 위해서
안으로 파고드는데도

일심이 필요하고
무심을 작용하여
한 생각을 부리고 쓰기 위해서도
일심이 필요하다.

깨달아 들어갈 때 열쇠도
일심이고
깨달아 나올 때 열쇠도
일심이다.

왜냐하면
일심이 바로 무심이기 때문이다.

일심의 힘을 얻으려면
지극정성이 필요하다.

봄 37
일심의 힘을 얻어 부리고 쓰려면

둘이 하나가 되어
제로에 도달하기 위해서는
반드시 일심의 공력을 들여야
거슬러 올라가 닿을 수 있다.
이것이 깨달음을 향한 수행의 길이다.

깨달은 연후
무심의 바탕에서
일심을 부리고 쓸 수 있어야
음양의 대립, 갈등, 투쟁을
다스릴 수 있어서
몸과 마음에 건강이 이루어지고
지복을 누린다.

다시 말하면
과거와 현재의 분열에서 오는
판단, 평가, 심판을 하지 않게 되고
현재와 미래의 분열에서 오는
근심, 걱정, 불안, 공포도 사라진다.

그러나 그것은
해탈과 초월로서
적극성, 능동성, 긍정성, 자발성이 부족하여
아직 일심을 부려 쓰지 못한다.
다시금 현실로 나와

현실의 문제를 해결하는
지혜와 기백이 부족하다.

제로의 무한한 에너지를
일심으로 기울여 쓰는
힘과 기술이 부족하다.
그 까닭은
봄나라 건설에 대한 서원이 부족하고
일거일동에 대한
지극정성이 부족하기 때문이다.

바라봄의 단계에서
더 나아가
늘봄의 단계가 되지 않았기 때문이다.
늘봄의 단계란
오매일여의 경지가 되어
의식과 무의식이라고 하는
이원성이 조화통일이 된
일여의 경지가 되지 않았기 때문이다.

그리하여
일거일동이 기공(氣功)이 되어
언제나 막강한 에너지를
용처에 당하여
순식간에 발휘할 수 있어야
신통력이 나온다.

그러므로
일심의 위력은
서원이 크면 클수록 그만큼 커지고

아주 작고 미세한 동작 하나하나에 까지
지극정성을 바칠 수 있는 기량이 있어야 한다.

서원이 바로 선 연후에
지극정성이 따르기 때문이다.

움직여 봄
정지해 봄
꿈꾸어 봄
잠들어 봄
늘봄이 가능하여야
막강한 무심의 힘을 얻어 부리고 쓸 수 있다.

봄 38
하나가 서야 음양을 거느리고 다스리고 부린다

하나란
일심이요,
바라봄의 빛이요,
힘(열기)이다.

일심이 되어야
두 갈래로 벌어져
대립, 갈등, 투쟁하는
음양의 기운을
전지전능한
무심의 힘으로
거느리고 다스리고 부린다.

그러므로
일심의 힘만 얻으면
세상에 겁날 일이 없어
만사형통이요,
소원성취다.

무심을 깨달아
일심으로 서원을 세우고
일거일동 수족을 놀림에
지극정성으로 공들일 줄 알아야
몸이 활성화되고

마음은 생기에 넘쳐
자신만만하고 당당해진다.

그렇게 되어야
부정적인 한 생각이나 의심에
멱살 잡히지 않고
끌려 다니지 않아
하나가 선다.

하나가 서야
거듭난 것이고
성공한 것이고
출세한 것이다.

하나가 서면
다 이룬 것이다.

그러므로
못 이룰까보아 근심하지 않는다.

이른바
대긍정의 사람이요,
일 가운데
일없는 사람
일마친 사람이다.

봄 39
평화통일

우선
눈으로 잘 보고 살펴
손을 사용할 때
먼저
조심(操心)하여야
마음이 흐트러지지 않는 가운데
가지런하여
일심이 이루어지면서
게으름이 극복되고
권태감, 피로감도 극복되고
큰 힘 들이지 않고
고생하지 않고
어느 사이에 일이 끝나고
일의 과정에 대한 기억조차 없다.

이렇게 하려면
우선 몸동작 돌아봄을 통하여
몸으로부터 의식이 벗어나야
몸을 자기 뜻대로 부리고 쓸 수 있다.

자기의 수족을 부리고 쓰는 방법이
다름 아니라
일거일동을 함부로 하지 않고
정성을 바쳐 공을 들이면서 하는 것이다.

함부로 한다는 것은
무의식적, 습관적으로 하거나
적당히 대강대강
마지못해 하는 심보를 말한다.

함부로 하는
그 자체가
음양으로 대립, 갈등, 투쟁하는
두마음이요,
중생심이다.

두마음을
한마음으로 만드는 것이
합일이요, 일심이요, 통일이다.

음양합덕이 되어야
일심의 힘으로
음양이 다투지 않게 되고
공을 들이고 정성을 바치는
봄의 힘이 증장하여
음양을 다스리게 된다.

둘이 하나가 되려면
오직 지극정성으로
마음을 하나로 모으는
공을 들이면 된다.

둘이
하나가 된다는 것은
어느 한 쪽이 다른 한 쪽을
흡수하여 통일하는 것이 아니다.

둘이 공존하되
대립, 갈등, 투쟁하지 않는 것이
하나이고, 일심이고, 봄이다.

거기에
평화가 있고
통일이 있고
자유가 있다.

봄 40
신비(神秘)의 세계 봄나라

생각에 빠져
생각의 노예가 되면
동물성(이중성)이 발로 되어
영성에 속한
신비를 느끼지 못한다.

생각 돌아봄으로
의식(감각)이
몸으로부터 벗어나야
몸종의 신세를 끝내고
몸의 주인이 되고
생각의 주인이 된다.

바라봄의 단계가
바로 감각이 활짝 열린 상태다.

감각이 열려야
천지만물이 감각의 영역에 들어온다.
모양과 색깔이 눈에 들어오고
비로소 아름다움이 느껴지기 시작한다.

생물 무생물 할 것 없이
눈에 보이는 모든 것이
선명하고 아름다워
신비롭기 그지없다.

눈으로 보고 있노라면
심심하고 권태로울 틈이 없어
에너지가 충만해지면서
온통 기쁨과 아름다움과 신비가 느껴진다.

귀로 듣고 있노라면
예전에 들리지 않던
미세한 소리가
그치지 않고 들려온다.
참으로 장관이다.

바람소리 물소리
벌레소리 새소리
개소리 사람소리
벨소리 시계소리
차소리 냉장고소리
컴퓨터 자판 두드리는 소리
참으로 다양한 소리의 세계다.

보고 듣고 말하고
느끼고 움직이는
이 삶이
온통 신비로 가득하다.

언제나
순간순간
처음으로 맞이하는
새로움으로 넘쳐나
소소영영(昭昭靈靈)하고
생기와 활기에 찬
신비의 세계다.

시보다도
그림보다도
음악보다도
영화보다도
더 선명하고
광대한
진선미가 넘치는
대 파노라마
진여(眞如)의 세계
신비의 세계
봄나라다.

봄 41
일류와 초일류

사회 각 분야의 일류는
뭐가 달라도 다르다.

자기도 모르는 가운데
봄의 능력이 계발되어
감각이 탁월하고
우뇌가 발달한 사람이다.
그래서
형세판단 능력이 정확하다.

그리고
일심의 힘이 있어
쓸데없는 망상을 다스리는 힘이 있어
자기의 전공이나 일하는 분야에
투철하게 힘을 몰아 쓸 줄 알고
지속시키는 힘이 있어
매사에 성공을 이끌어낸다.

또한
수읽기가 강하여
일의 순서를 잡고
몇 수 앞을 내다보는 안목이 있다.

그러나
아직 고요하면서 뚜렷한

성리를 깨치지 못하여
자기가 누구인지 모른다.
그래서
남에 대한 우월감이 있고
자존심이 있어
무언가 교만하고 냉랭한 감이 있다.

아직도
에고본위이고
속물근성이 있고
재색명리를 초월하지 못하여
애착 탐착을 벗어나지 못하여
경계를 만나면
즉각 닦아버리지 못하고
한 생각을 좇아
임시방편을 구사하여
미루거나 도피하거나 하여
깨끗이 닦지 못하여
업이 쌓이고
미련과 후회와 두려움과 갈등이 남는다.

그러므로
봄나라 봄님들은
일류에 그치지 말고
초일류가 되어야 한다.

죽기 살기로 돌아봄 공부하고
죽기 살기로 바라봄 공부하여
봄의 힘 얻고
일심 무심의 힘 얻어

후회 없고 겁 없고 갈등 없는
이긴 자가 되어야 한다.

정면승부로
이긴 자가 되어야 한다.

이긴 자가 되어야
인간을 완성한 것이고
성공한 것이고
출세한 것이고
자기를 구원하고
인류를 구원하여
봄나라를 건설하는 가이드다.

봄 42
일심으로 열고 닫음

무엇을 여는가?
감각을 연다.

무엇으로 여는가?
일심으로 연다.

무엇을 닫는가?
생각을 닫는다.

무엇으로 닫는가?
일심으로 닫는다.

음양으로 벌어지는
생각의 이원성을
일심으로
그 없는 데까지
이르게 하는 것이
닫는 것이다.

감각이 열렸다는 것은
일심으로 생각을 닫아
한 생각도 없는
무심이 되었다는 것이다.

그러므로
생각을 닫는
자물쇠가 일심이라면
감각을 여는 열쇠는
일심이다.

생각을 닫아야
감각이 열리고
감각이 열려야
생각을 다스리고 부린다.

감각이 활짝 열려야
일심(정음정양)이 바로 서게 되어
음양을 포용하고
음양을 초월한 곳에
한 점 찍어
원운동으로
잡아 돌려
원점으로 회귀시키는
열고 닫음의
주인으로서의
역할과 권능을 행사한다.

그러므로
일심(一心)이 여의주(如意珠)다.

표정 알아차리기를 통하여
얼어붙은 마음을
즉시 녹이고

어둡고 찌그러지고 아픈 얼굴을
즉시 밝게 하고 피어나게 하여
안정된 얼굴로 다스린다.

뿐만 아니라
일심으로 보고
일심으로 듣고
일심으로 말하고 행하고
느끼는 가운데
기공이 이루어져
기혈이 돌고
활기가 넘쳐
의통이 이루어진다.

이러한 신통자재한 능력을
일상생활 가운데 구사하여야
천지만물이 수중에 들어오고
천하가 귀의한다.

천하의 대권을 잡았기 때문이다.

봄 43
만사형통(萬事亨通)

눈감으면 캄캄하고
눈뜨면 화안하다.

졸리고
피로하고
아프고
멍청하다가도
바라보고
귀 기울이노라면
명료하고 뚜렷해져
다시금 화안해진다.

이 무슨 연고인가?

어두움을 파하는 것은
빛인데
봄이 빛이기 때문이다.

피로하고
멍청하고
졸릴 때에
그 모든 것을 느껴보노라면
금방 아무렇지도 않아
구원받는 느낌이 오는 것은
봄이 에너지이기 때문이다.

일심으로
바라봄 하는 곳에
여의주가 작동하여
단박 이루지 못할 것이 없으니
만사형통이다.

봄 44
여의주를 물고 용이 등천하는 소식

여의주를 입에 문
용은
등천을 하고
여의주를 입에 물지 못한
용은
등천을 하지 못한다.

그렇다면
여의주는 무엇이고
등천은 또 무엇인가?

여의주는
합일이요, 일심이다.
등천은
바로 하늘에 오름이요,
즉각 무심을 깨달음이다.

여의주를 입에 물지 못한
용은
일심을 증득하지 못하여
매사가 뜻대로 되지 않아
늘 춥고 배고프고
아프고
외롭고 슬프고
겁나서

쫓겨 다니는 신세다 보니
잠깐이라도 위로받고 싶고
쾌락 속으로 빠지고 싶은
유혹을 느낀다.

그렇다면
용은 결국 무엇을 말하는가?

용은 사람을 말하고
나를 말한다.

나는 어디서 왔는가?
하늘에서 왔다.
고향이 하늘이다.
하늘에서 잘못하여
땅으로 귀양 왔다.

그런데
자기가 하늘 사람인지도 모르고
날개를 잃어버려
하늘로 돌아가지 못하고
제대로 날개 짓 한번 하지 못하고
땅위에서 짐승처럼 기어 다니며 산다.

봄님들이
일심을 얻고
여의주만 얻으면
날개가 달려
바로 등천하여
하늘 사람이 된다.

하늘 사람이 되는 것이
바로 봄나라 봄님이다.

하늘 사람에겐 신통력이 있다.
가지 못할 곳이 없고
이루지 못할 일이 없다.

한 생각 마음먹으면
즉시 이루어진다.
그래서 여의주다.

용이 여의주 물고
등천하여
하늘 사람의 권능 회복하고
신통력을 부리고 쓰고
누리기 위해
봄나라가 존재한다.

봄 45
정신일도하사불성(精神一到何事不成)

몸 돌아봄과 마음 돌아봄
그리고
본격 돌아봄을 통해
일심이 길러지면
불가능한 일이 없다.

정신이 하나에 이르러
일심의 위력을 증득하면
부정적인 생각이나
의심하는 생각이
다스려져
마음이 분열되지 않고
대긍정으로
바라보게 되어
분열되는 마음을
즉각 잡아 돌릴 수 있는
힘이 있다.

일심이 서면
모으고 모으는
회수(回收)능력과
비우고 비우는
방출(放出)능력이
순차적으로 돌아가

대우주의 운행궤도와
같이 돌아가므로
대도를 행함이다.

그러므로
일심으로 몸과 마음을 운행하면
심신의 건강이 이루어지고
일심으로
바라봄
들어봄
느껴봄
걸어봄
만져봄으로
공간의 감지 능력인 감각과
시간의 운행능력인 생각을
부지기수로 연마하면서
향상일로의 길을 간다.

일심의 공력을 들이는 곳에
전우주가 맞물려 돌아가는데
어찌 이루어지지 않을 일이 있겠는가!

봄 46
일상생활을 통한 기공의 연마

두심으로 흐트러지는 마음을
모으면
한마음이 되고 동시에 무심이다.
일심이 되면
두심이 하나로
조화통일이 되며 돌아간다.

음양을 다 살리며
음양을 초월하여야
둘이면서 하나이고
하나이면서 제로다.

방출하면서 회수가 이루어져
에너지가 보존된다.

생활을 일심으로 하면
에너지를 쓰면서 동시에
에너지가 보충된다.

일심에서
방출과 회수가
저절로 이루어지기 때문이다.

처음 보듯 눈으로 사물을 보면
모양과 색깔에 대한

발견에의 기쁨이 있고
신비로움과 아름다움이 느껴져
자가발전이 이루어지면서
몸에는 고압전류가 충전된다.

귀로 소리를 일심으로 듣노라면
소리의 신비로움과 아름다움에서 오는
감동의 물결이 일어나면서
에너지가 보충된다.

하루 세끼 식사를 하면서
일심으로 음식의 맛을 보노라면
음식에 따라 몸에서 일어나는
에너지의 파장을 감지하면서
에너지가 충전된다.

지극정성으로
수족을 놀리면
몸과 마음이 하나가 되어
기공이 이루어지면서
에너지의 보충이 이루어진다.

일심으로 생활을 하면
에너지를 소비한 만큼
즉시 에너지가 보충된다.

일심으로 에너지를 쓰면
반드시 에너지가 고갈되지 않고
나간 만큼 보충된다.

그리하여
누진통(漏盡通)을 얻어
충만한
제로에너지의 소유자로서
쓰고 써도 다함이 없다.

봄 47
일심과 상생 상극

상생(相生)은
성질상 서로가 잘 맞아
북돋우고 살리는
우호적인 관계이고
상극(相剋)은
성질상 서로가 맞지 않아
해가 되고 죽이는
적대적인 관계다.

말하자면
물질의 세계,
동물의 세계,
중생의 세계,
상대의 세계다.

성질이란 것도 알고 보면
정신이 물질화, 고착화된
하나의 업의
축적된 결과물일 뿐이다.

그러므로
거기엔 자유의지가 없고
일심 무심이 없고
각성이 없고
영성이 없다.

일심은
그러한 중생의 세계를 벗어나
상생 상극의 업연을 벗어나
하나가 되어 자유자재하게 부리고 씀이다.
일심 무심에는 성질이 없다.
무자성(無自性)이다.

그러므로
일심에서는
상생 상극이라고 하는 성질에 구애되지 않고
자유자재하게 상생 상극을 벗어나
처지와 입장에 따라
혹은 상생 혹은 상극을 부리고 써서
중생을 이끌어 깨달음으로 인도한다.

상생 상극은
물질의 성질상 불가피한 결과이고
일심은
상생 상극을 초월하여
상생 상극을 하나로 살려 쓰는
진일보한 영성의 힘, 각성의 힘이다.

그러므로
일심으로 운행함을
상생이라고도 하는데
이것은
상대성에서 말하는 상생과
혼돈하지 말아야 한다.

봄 48
어찌 이루어지지 않을 일이 있단 말입니까?

일심이 하나인데
어찌 자기가
과거, 현재, 미래의 자기로
나누어진단 말입니까?

어찌 현재의 자기가
과거의 자기를
판단, 평가, 심판한단 말입니까?
어찌 현재의 자기가
미래의 자기를
근심, 걱정하고 불안, 공포에 떤단 말입니까?
어찌 현재의 자기가
현재의 자기와
대립, 갈등, 투쟁한단 말입니까?

그러니
어찌 괴로울 수가 있단 말입니까?
어찌 우울할 수가 있단 말입니까?
어찌 억울할 수가 있단 말입니까?
어찌 불행할 수가 있단 말입니까?
어찌 심심할 수가 있단 말입니까?
어찌 원망할 일이 있단 말입니까?
어찌 답답할 일이 있단 말입니까?
어찌 외로울 일이 있단 말입니까?
어찌 슬플 일이 있단 말입니까?

어찌 성낼 일이 있단 말입니까?
어찌 욕심낼 일이 있단 말입니까?
어찌 미워할 일이 있단 말입니까?
어찌 아플 일이 있단 말입니까?
어찌 싸울 일이 있단 말입니까?

일심이 있는 곳에
무심이 같이 있으니
어찌 의심이 있고
어찌 부정적인 마음이 있을 수 있단 말입니까?

이만하면
평실(平實)한 곳에 넉넉히 자리 잡은 것이지요.

이만하면 대권을 잡은 것이지요.

이만하면 성공한 것이지요.

봄 49
인간계발의 요체
인류가 나아가야 할 길

1. 과학기술을 통한 의식주 생활의 향상
   (물질문명의 개화)
2. 도학을 통한 의식수준의 향상
   (정신문화의 개화)

이 두 가지가
시절인연을 따라 합치되는 시점에서
의식과 물질이 조화로운 하나의 세계가 온다.

동양의 유불선 3도와
서양의 기독교가
그 핵심이 드러남으로
하나의 이치로 조화통일 된다.

불교의 견성법(見性法)
도교의 양성법(養性法)
유교의 솔성법(率性法)이
하나와 제로의 이치(理致),
성리(性理)를 깨달아
실천하기 위한
단계적인 하나의 수행법으로
조화통일 되고
기독교 역시
하나와 제로에 대한

상징과 방편의 탈을 벗고
하나의 성리로 거듭나면
동서의 4대종교가
완전무결한 하나가 된다.

그 핵심으로 말하면
기독교가 표방하고 있는
하나와 제로의 이치이고
유불선 3도가 표방하는
견성 양성 솔성의 도이다.

그러므로
4대종교 중
그 어느 하나가 없어도
부족하다고 할 것이다.

이치란
둘이 하나로 조화통일 되면
하나이면서 제로이고
제로이면서 하나이다.

다시 말하면
일심이면서 무심이고
무심이면서 일심으로
고요한 가운데 뚜렷하고
뚜렷한 가운데 고요함이다.

이 진리를 깨달아
생활 가운데 실천하기 위해서는

마음 돌아봄으로
견성(見性)을 하고
몸 돌아봄과 자연 바라봄으로
기공력(氣功力)과 호연지기(浩然之氣)를
양성(養性)하여야
지극정성 바라봄의 힘
일심(一心)의 힘 얻어
늘봄의 생활을 통하여
몸과 마음을 자유자재하게
다스리고 부리고 쓰는
신통력(神通力)과 의통력(醫通力)을 얻어
비로소
솔성(率性)이 가능하다.

솔성(率性)이 되어야
수신(修身)이 되고
수신이 되어야
제가가 되고
치국평천하가 된다.

일심의 힘
봄의 힘 얻어야
수신이 되고
수신이 되어야
몸과 마음이 건강하여
소원성취하고
만사형통한다.

봄 50
본래면목(本來面目) 하나 찾는 것이

일심의 힘 얻지 못하면
마음의 난리를 다스리지 못하여
얼굴이 어두워지거나 찌그러져
자기의 본래면목을 잃어버린다.

자기의 본래면목을 찾으려면
자기가 자기의 본래면목을
잃어버렸다는 것을
알아차리는 능력이 있어야
즉각
일심으로
어두운 얼굴을 밝은 얼굴로
찌그러진 얼굴을 펴진 얼굴로
굳은 얼굴을 부드러운 얼굴로
차가운 얼굴을 따뜻한 얼굴로
돌린다.

본래의 면목을 회복하면
누구나 얼굴이 아름답다.

얼굴이 잘 생겼다 못 생겼다는 건
그다지 큰 문제가 아니다.

얼굴이 잘난 사람이라도
자기의 본래면목을 잃어버리면

추하고 못난 사람이고
비록 잘나지 못한 사람이라도
자기의 본래면목을 회복하면
잘나고 아름다운 사람이다.

본래면목이란
고요한 가운데 뚜렷하고
뚜렷한 가운데 고요하여
원만구족한 성품이
기색(氣色)으로 눈과 얼굴에
그대로 나타난 모습이다.

이렇게 되면
자기가 좋고
보는 사람도 좋다.

이렇게 되지 못하면
자기가 괴롭고
보는 사람도 괴롭다.

일심의 힘 얻어
자기의 본래면목
하나 찾는 것이
자기를 구원하는 것이고
천하를 구원하는 것이다.

본래면목을 회복한 가운데
진선미가 있고
존재의 무궁한 기쁨이 있고
우주의 섭리가 있다.

우담발화(優曇鉢華)는
각자가 본래면목을 찾았을 때
각자의 얼굴에서 피어난다.

봄 51
지극정성으로 일심이 서고 일심으로 공들여야

공을 들이지 않고
탑을 쌓으면
탑은 무너지고 만다.
공을 들이고
탑을 쌓으면
탑은 무너지지 않는다.

그래서
"공든 탑이 무너지랴"
라는 속담이 생겼다.

그렇다면
공은 어떻게 들이는가?
공은 정성으로 들인다.

정성은 어떻게 들이는가?
정성은 숨을 죽이고
자세를 바로 하고
봄의 힘으로
주객일체 물아일체
되도록 하는 것이
정성을 바치는 것이다.

하나가 된 가운데
일심 무심으로
몸을 다스리고 부려
쓰는 과정이
공들임이다.

공을 들이면서 하면
기운이 빠져 금방 지칠 것 같아도
실제로는 그렇지 않고
정반대이다.

공을 들이면 들인 만큼
에너지가 돌아오고
공을 들이지 않고
대충대충 하면 할수록
기운이 빠져 이내 지치고 만다.

정성을 바쳐야
하나가 되고
하나의 덕을
온몸에 베풀어 쓰는 과정이
도를 행함이요,
공을 들임이다.

봄 52
일심의 힘 얻는 순서

마음을 밝혀야
밝힌 만큼 맑아지고
맑아진 만큼 밝아진다.

무엇으로 밝히는가?
몸과 마음 돌아봄으로 밝힌다.
밝혀진 그만큼 맑아진다.

어떻게 맑히는가?
밝혀진 그만큼 비워지고
비워진 그만큼 맑아져
이읔고
물들지 않는 영성을 깨닫는다.

그리하여
마음이 텅 비워진 가운데
한 점 바라봄의 빛이 발로되면서
잉태를 하여 자리를 잡아
몸과 마음의 주인으로
몸과 마음을 거느리고 다스리고 부리면서
부정적이고 의심에 찬
마의 세력을
즉시 항복받으면서
막강한 일심의 힘 증득하여

만물의 영장다운
의통력과 신통력을 행하여
자유와 평화와 행복을 누린다.

그러므로
일심의 힘 얻는 순서는
돌아봄으로 밝히고 맑히며
바라봄으로
기공력과 호연지기를 양성하여
깨끗하고 밝은 빛과 열기로 이루어진
일심의 위력을 더욱 연마하고 수증하면서
늘봄의 생활에 이르러
불퇴전의 힘과
제도의 만능을 갖춘다.

봄 53
마음을 잡고 사는 것이 기본이다

마음을 잡고 산다.

마음을 잡았으므로
마음은 제 마음대로 못하고
내 마음대로 한다.

나는 이제
더 이상 마음의 종이 아니고
마음의 주인이 되었기 때문이다.

그러므로
전에는 마음이 어떻게 나올지 몰라
겁이 나고 불안하고 초조했지만
이제는 아무렇지도 않아 끄떡 없다.

몸과 마음을
거느리고 다스리고 부리는
대권이
분명히 지금 여기 눈앞에 현전하여
모든 걸
자신만만하고도 당당하게
내가 장악하고 있지 않은가!

모든 건
내 손안에

거머쥐고 있으니
모두가 내 맘대로다.

어두워지고 컴컴해지면
즉시 봄빛으로 화안하게 불 밝혀
귀신이 발호하는 마음을 구원하고
몸이 식어져 바이러스가 침입하여
뜯어먹으려고 하면
즉시 봄의 열기로
차가움을 녹이고 살려
바이러스에 뜯겨
아프고 괴로운 몸을 구제한다.

이것이 수심(修心)의 능력이다.

수심(修心)이 된 연후라야
수신(修身)이 이루어진다.

지금까지
수신이 이루어지지 않아
제가도 안 되고
치국평천하도 안 된 것이다.

수심이 문젠데
수심의 요체는 무엇인가?

마음을 잡고 사는 것이다.
마음의 주인으로 사는 것이다.

마음의 주인이 된 연후에
몸의 주인노릇을 하고
몸의 주인이 된 연후에
가정의 주인이 되고,
나라의 주인이 되고,
천하의 주인이 된다.

그러므로
마음을 잡고 사는 것이 기본이다.

봄 54
일심의 세 가지 능력

일심이 천하의 대권이다.

일심을 깨달아 얻어
일심을 행하면
소원성취이고 만사형통이다.

그렇다면
과연 일심의 능력이란 무엇을 말하는가?

간단하다.

일심은 마음을 잡아
마음을 밝히고 맑히고 달구는 능력이다.

마음을 잡는다는 것은
무한하고 영원한 에너지에 코드를 꼽는 것이다.

자기가 몸과 마음의 주인이고
만물의 영장이며
우주만유의 주인으로
사람이 곧 하늘이고
내가 곧 하늘인 것이다.

자기를 심판할 자는
자기 이외에 없고

자기를 겁나게 하는 자도
자기 이외에는 없고
자기를 병들게 하고 괴롭히는 자도
자기 이외에는 없다.

자기가 마음먹은 그대로의 세계가 창조된다.
자기가 예쁘게 보면 천하가 예쁘게 보이고
자기가 밉게 보면 천하가 밉게 보이는 능력을
누구나 갖고 있다.

그러므로
예쁘게도 보지 않고 밉게도 보지 않는
바른 눈을 뜨고 본다.

그것이 마음을 잡아 쓰는 기본이다.

거기에서
어두운 것을 비추어 밝히므로
어두움이 물러가고 비워져
맑아지고 깨끗해지고
이윽고 빛이 난다.

그렇게 밝히고 맑히는 가운데
봄빛은 열기를 더해간다.

어두우면 답답하고 떨리고 춥고 아프다.

그러므로
일심의 힘으로
아픔을 비추고 달구면
열이 나고 기혈이 돌아 아픔이 낫는다.

몸도 마음도 그러하다.

이렇게
일심이라고 하는 대권을 잡으면
천지의 주인 역시 일심이다.
자기가 우주의 주인으로 등극한다.

그래서
소원성취하고 만사형통하여
재색명리를 떠나
오로지 중생제도의 길만 간다.

봄 55
일마치고 일없는 무사인

더 이상 닦을 것이 없고
더 이상 나아갈 곳이 없는 곳에 이르러
본연의 자기를 깨닫는다.

이름 하여 일심이다.
드디어
소원을 성취하고 만사형통을 하였다.

그러나
그간의 지극정성,
우여곡절에도 불구하고
깨닫고 보면
자기와 한 번도 떨어져 본적 없이
언제나 존재하고 있었던 것이다.

단지 깨닫지 못하고 있었던 것뿐이다.

그래서
평상심이 도이고
번뇌와 깨달음이 불편 없이 공존하고
질병과 건강이 모순 없이 단짝이 되고
용과 뱀이 한울타리에 산다.

그러니 제도할 한 중생도 없다.

깨달은 것도 없고
제도할 중생조차 없어
도로 아미타불이 되어야
인연 따라
중생을 제접하여
무량방편으로
중생을 제도한다.

몰록 한 번 깨달아 마쳐야
두 번 다시 잃어버리지 않고
무한하고 영원하다.

깨달았지만 깨달은 것이 없고
알았지만 안 것도 없고
이루었지만 이룬 것도 없다.

밝지도 어둡지도 않은 것이
일심이기 때문이다.

일심에
한 생각을 내면
밝고 밝아 화안한 가운데
어둡고 어두워 칠흑 같다.

그래서
일심이
한 생각 이전이고
만물에 앞서는
조물주이고
우주의 주인이다.

주인이 나타났으니
나는 할 일이 없고
일마친 무사인(無事人)이 되어
인연 따라 오고감에 걸림이 없다.

봄 56
눈을 맞추면서 삽시다

선천을 동물적인 세계라면
후천은 인간적인 세계다.

동물은 대립, 갈등, 투쟁의 삶이므로
눈을 맞추는 것은
자기에게 도전하는 것으로 간주된다.

그래서 선천에서는
아이들이 어른과 눈을 맞추어서는 안 되고
여자가 남자와 눈을 맞추어서는 안 되고
부하가 상관과 눈을 맞추어서는 안 되었던 것이다.

이제
민주주의 사회가 정착되고
인권이 신장된 오늘날에도
대부분 남과 눈을 맞추는 것이 겁이나
정면으로 눈을 맞추지 못하고
피하는 것이 사실이다.

눈을 맞춘다는 것은
두 사람이 하나 됨의 시작이다.
서로가 눈을 맞추지 못하면
동물의 관계이지 인간의 만남은 아니다.

동물이 눈을 맞춘다는 것은
맞서고 싸운다는 뜻이다.
거기에는 이기느냐 지느냐 라고 하는
양자택일밖에 없다.

그러나
인간이 눈을 맞춘다는 것은
이기고 지고를 떠나고
나와 너라고 하는 분별이 없이
하나가 되어 만남이다.

분명 내가 있고 네가 있으면서도
마치 나도 없고 너도 없는 것처럼
서로 간에 모순이 없이
하나가 둘로 나뉘어 바라보는
묘한 어울림이 거기에 있다.

그것이
인간과 인간의 만남이다.

그러나
부모와 자식간에도
부부간에도
형제간에도
친구간에도
연인간에도
동료간에도
심지어 도반간에도
눈을 맞추지 못하고
눈을 피하며 산다.

그것은
만나건만 만나지 못하는
피상적이고 천박한 동물적인 관계이지
만물의 영장다운 존엄한 인간의 만남은 아니다.

한 번이라도
서로 간에 눈을 맞추면서 만남이 이루어진다면
눈을 뜬 것이다.
서로 간에 눈을 맞추면서 만남이 이루어지면
그 순간 나와 네가 하나가 된다.

거기에 자유와 평화와 행복이 있다.
거기에 축복과 영광이 있다.
거기에 깨달음이 있다.

이렇게 눈을 뜬 자는 누구에게나 이렇게 대한다.
이렇게 된 자와 눈만 맞추면 당장 깨닫는다.

그러므로
눈을 뜬 자 한 사람이 탄생하면
만나는 모든 사람이 눈을 뜰 찬스를 맞이하게 된다.

두 사람이 눈이 맞으면
일심이요, 화합이요, 단결이다.

스스로 눈을 뜨고
남과 눈을 맞추는 능력만 있으면
만사형통이다.

상대와 눈을 맞추되
어둡지 않고 밝으며
더럽지 않고 깨끗하며
차갑지 않고 화끈하여야
상대방이 나와 눈을 맞춘다.

봄 57
눈썰미를 키우며 삽시다

눈썰미가 없다는 것은
평소에 자기의 주변을
눈으로 유심히 둘러보고
살피지 않았기 때문이다.

자기 몸이 가고 오고 머무는 자리에
관심이 가야
둘러보게 되고 자세히 살펴보게 된다.

둘러보면서
대체적인 윤곽을 잡으면서
하나하나 자세히
세부적으로도 짚어갈 줄 알면
그렇게 동영상 촬영 실력이 붙으면
눈썰미가 계발되기 시작한다.

자연 바라봄을 통해
산과 들
강과 바다를
전체적으로
일목요연하게 담을 수도 있고
풀잎 하나
줄기 하나
꽃잎 하나
잎새 하나

그 모양과 색깔을
하나하나 음미하노라면
저절로 눈이 열리고
눈썰미 없던 사람도
눈썰미가 있어지기 시작한다.

그렇게 되면
평소 안 보이던
자기 방이 보이고
자기 집 구석구석
물건 하나하나가
뚜렷하게 잡히고
눈 감고도
자기 집과 거실과 방과 부엌
그리고 가재도구들을
화안하게 떠올릴 수 있게 된다.

학교나
사무실이나
공장이나
거리를 걷거나
전철을 타거나
눈을 뜨고 보면
바라보고 살피는
묘미와 재미가 끝이 없다.

그리하여
이웃고
남들과 눈을 맞추며 사는 삶으로
전환하면

사람들의 얼굴 표정을 보자마자
그 사람의 의식의 수준까지 보일 정도로
눈썰미가 있어진다.

몸을 부리고 쓰는 일 중
가장 중요한 것이
눈이다.

눈썰미만 붙으면
밝은 사람이고
자상한 사람이다.

눈썰미만 있으면
세상이 아름다워 보이고
하는 일도
겁나지 않을 것이다.

눈썰미를 키우려면
우선
보이는 대상을
자기 안에 들여놓을 수 있는 실력,
마음 보따리부터 키우는 일이
선행이 되어야 한다.

봄 58
자세히 눈여겨보아야 보인다

자세히 눈여겨볼 줄 알면
눈을 사용할 줄 아는 사람이다.

눈을 바르게 잘 쓰는 사람이다.

도장을 찍듯이 꾹꾹 누르며
짚어갈 줄 아는 사람은
필경 눈의 주인이 영험하다.
눈 밝은 사람이다.

자기의 전공분야에서만큼은
그나마 다들 자세히 눈여겨볼 줄 안다.

그러나
대부분
다른 분야나
일상의 삶에서는
사물이 눈에 들어오지 않고
잡히지 않아
감지능력이 떨어진다.

눈이 퉁퉁 부어 안 보인다.

눈뜬 봉사
당달봉사
심봉사다.

그래서
보긴 보건만
희미하고 멍청하여
잡히지 않는다.

눈을 맞추지 않았기 때문이다.

눈이 있어
보이는 건
천지의 공덕이요,
볼 때
공들여보고
눈여겨보고
눈 맞추어 보는 것은
사람의 몫이다.

오직 봄
그냥 봄
온통 봄이라야
눈뜬 사람이고
눈 밝은 사람이다.

그래야
나무도 보고
숲도 볼 줄 아는
공간의 감지능력을
자유롭게 구사하는
바른 눈이다.

그렇게 하려면
자연 바라봄으로
눈을 뜨고
보는 법을 연마하는 것이
가장 좋은 방법이다.

봄 59
귀를 잘 부리고 쓰기

마음을 잡아야
감각기관을
제대로 거느리고 다스리고 부린다.

마음을 잡는다는 것은
생각을 바라봄으로
생각을 비우는 일이고
생각이 비워져야
감각기관의 주인인
감각이 열림을 말한다.

그러므로
마음을 잡는다는 말은
생각을 비우고
감각을 여는 것이다.

그러므로
생각이 주인이 되어
감각기관을 부리려고 하면
생각에 막혀
감각기능을 제대로 발휘할 수 없다.

자기의 주관을 비워야
감각이 열려
눈과 귀가 밝아진다.

눈을 능동적, 남성적이라면
귀는 수동적, 여성적이다.

눈은 시선이 있고 방향성이 있어서
두리번거려야 하지만
귀는 방향성이 없어서
모든 방향에 귀 기울이는 것이 다르다.

우리가 귀를 잘 부릴 줄 알면
귀가 밝아짐은 물론
귀가 순해져
모든 소리를 있는 그대로 받아들이는
이순(耳順)의 경지가 된다.

듣고 싶은 소리가 따로 없으므로
모든 소리를 다 듣게 되어
신비하고 오묘한 소리의 세계를
누리고 만끽하며 사는 한편
자기의 말소리를 자기 귀로 듣게 되어
자기의 소리를 뜯어고쳐
어느 누구의 소리를 흉내 내는 것이 아닌
순수한 본래의 자기 소리를 낸다.

그것이
자기의 소명이요,
존재이유이다.

고저장단과 강약
리듬과 박자가 알맞아
맑고 밝으며 당당한
듣기 좋은 소리로 변한다.

귀는 모든 외부의 소리뿐만 아니라
자기의 목소리까지 들을 수 있어야
귀를 잘 부리고 쓴다고 할 것이다.

자기의 귀를 잘 거느리고
다스리고 부려 씀으로써
자기의 소리를 완성함으로써
의식의 진화가 이루어져
운명을 뜯어 고치고
인류의 의식진화에 기여한다.

상대방의 소리를 들으면서
온통 봄 하게 되면
사량분별에 떨어지지 않는다.

귀를 최고로
잘 다스리고 부리는 경지를
이순의 경지라고 하면
소리를 들으면서
한 생각 내지 않고
오직 들어봄
그냥 들어봄
온통 들어봄이다.

자연의 소리
사람의 소리 등
외부의 소리를 잘 들을 수 있어야
자기의 소리도 잘 듣게 되고
은연중 참작이 되어
자기의 소리를 완성해 가는데
크게 도움이 된다.

그리고 봄나라에서 하는
소리 내어 책 읽기 돌아봄 수련이
크게 도움이 될 것이다.

봄 60
심심할 일 없다

심심하다는 건 무엇일까?

삶이 무료하고 권태롭다는 것이다.
그래서 심심해지면 안절부절 못한다.

심심한 마음을 달래주고 풀어줄
사람이나 놀이나 일이 필요해진다.

그리하여 거기에 빠짐으로
심심함, 외로움, 쓸쓸함을 망각하려고 한다.

어린이든 어른이든
심심한 것이
가장 무섭고 두려워
죽을 지경이다.

그래서 장난감이 필요하고
오락이나 게임 산업이 그렇게 발달한다.

그러나
그런 것을 통해서는
심심함의 문제가 근본적으로 해결되지 않는다.

인간이 지닌
근본적인 고통에 해당하는

심심함을 달래기 위해서
심심함의 문제로부터 도피하기 위해
놀이나 일에 빠져든다.

심심함의 문제는
감각이 주가 되지 못하고
생각이 주가 되어
감각이 닫히고
무디어지는 바람에 생긴 문제다.

우리가 생각을 돌아봄 하여
생각을 비우고 감각을 열어
감각이 주가 되어
눈으로 보고
귀로 듣고
코로 냄새를 맡고
혀로 맛을 보고
몸으로 부딪힘을 느끼면서
오관을 활성화하기만 하면
모양과 색깔의 세계를
선명하게 느끼게 되어
신비감과 아름다움을 누리고
귀를 열어 모든 소리를 몽땅 들음으로써
묘한 소리의 세계를
감상하고 음미하노라면
더 이상
심심할 일이 없다.

그렇게
일상생활을 하면

언제 어디서나
봄의 재미가 끝이 없어
몸은 에너지로 충만하고
마음은 심심함이나
외로움이나 쓸쓸함 따위는
생기지 않는다.

감각을 열어
감각기관을 활성화하기만 하면
사람이나 사물에 대한 사랑이 꽃피어난다.
순간순간 새록새록
새로움으로 다가와
지극한 관심과 애정과 정성을 바치면서
자유와 평화와 행복을 누린다.

무료와 권태의 삶은
아름다움과 환희와
활력에 넘친 삶으로 바뀌어
심심함이 영구히 사라진다.

그러므로
생각을 돌아봄으로
감각을 열어
감각이 주인이 되어
눈과 귀를 잘 다스리고 부리면
무기력과 권태와 심심함에
종지부를 찍어
자기를 구원하고
가족을 구원하고
인류를 구원하는 길이 열린다.

우뇌와
감각이 계발된
신인간
심심함을 모르는
봄나라 가이드가
세상에 출현한 이상
인간구원의 길은 멀지 않다.

봄 61
봄나라 공부 총정리

봄나라 봄공부는
생각이
몸과 마음의 주인이라는
좌뇌본위에 치우친
의식수준의 단계에서

그동안
위축되고 억눌리고 잠재된
우뇌를 계발하여
생각의 조건부여와 조건반사라고 하는
메커니즘을 타파하고 초월하여
감성과 이성이 조화롭고 균형 잡힌
봄(일심)을 잡아
명실상부한
몸과 마음의 주인이 되기 위한
자아완성 인간계발법이며
생활수행법이다.

다시 말하면
<몸 돌아봄>과
<마음 돌아봄> 공부를 통하여
감각을 일깨우고 계발하여
생각의 노예로부터 벗어나
감각을 활짝 열어
봄(일심)의 힘으로

생각과 감각을
자유자재하게 부리고 쓰는
심신의 수련법이다.

<몸 돌아봄>과
<마음 돌아봄>을 통하여
외부로 치우치고 흐트러지는 의식을
내면으로 향하게 한 다음
본격적으로
안으로 파고들어가
안과 밖으로 분열되고 단절된
경계선을 허물어
분열된 미개한 두뇌를
하나로 통일하고
평정하게 되면
두뇌가 치유되어 안정되고
온전하게 되어
감각이 살아나 활짝 열리는데
이것이
합일이고 견성으로
여기서부터
돌아봄은
<바라봄>의 단계가 된다.

균형을 잡고 제자리를 잡아
부동한 단계로서
미숙한 자아가 성숙한 자아로
거듭나
하나이면서 제로(0)인
묘한 이치를 깨닫고 체험한다.

그러나
여기까지는 맑히고 밝히는 단계로서
생각으로부터 벗어나
화안하게 생각을 바라보고 알아차려
생각을 닦아 지울 수는 있으나
몸과 마음을 자유자재하게
부리고 쓰기에는
아직 어리고 미흡한 단계다.

그것은
바라봄이 끊어지지 않는
<늘봄>이 되지 않아
연약한 단계이므로
힘과 기술이 부족하여
통하고 달구는 기력이 부족하여
몸을 덥히지 못하여
생각이나 감각기관을 부려 씀에
따뜻하게 바라보고
예쁘게 보아주고
좋게 보아주는
실력이 부족하고
두뇌를 차갑게 만들지 못하여
냉철하게 보아주고
있는 그대로를 보아주는
실력이 부족하기 때문이다.

늘 바라봄,
늘봄의 단계가 되어야
감각이 활짝 열린 가운데

일심으로
감각과 생각을 운행하면
사사건건
소원성취이고
만사형통이다.

몸 돌아봄
마음 돌아봄을 거쳤기에
몸 다스림
마음 다스림이 가능하다.

이렇게 되면
시시각각 새록새록
무한의 에너지에 코드를 꼽아
방출과 회수를 통하여
써도 써도 다함이 없는
자유와 평화와 행복을 누린다.

지금 여기의 삶이
진선미 그대로
천당 극락을 누리며
영원히 사는
등천한
하늘 사람이다.

이것과 바꿀 것이
아무것도 없으므로
죽음도 겁나지 않고
재산풍파가 일어나도 꺼떡하지 않고
이기고 지는 것에도 의연하다.

이 도리를
확실히 깨달아 알고
누리고 있는데
어찌 자기를 심판하고 벌주며
근심, 걱정, 불안, 공포에 괴로워하며
대립, 갈등, 투쟁에 빠져 허덕이는
가족과 이웃과 인류를
구하지 않을 수 있겠는가?

어찌 봄나라 건설을
서두르지 않고
봄나라 가이드의 길을
가지 않을 수 있단 말인가?

봄 62
길이 아니면 가지를 말고

화안하게 내려다보니
어느 길이 맞는지
어느 길이 아닌지
소상하고 화안한지라
길이 아니니 가지 않을 뿐
별다른 능력이나
재주가 있어서가 아니다.

늘봄이 제일 좋아
늘봄을 버리지 못하여
늘봄을
팔아먹을 만한 것이
아무것도 없고
늘봄과 바꿀 것이
아무것도 없으므로

늘봄이면
그냥 그대로
소원성취이고
만사형통이다.

늘봄
평상심
일심
상견성 자리

한 번 깨달아 마쳤으니
그 길 따라 갈 뿐
다른 길로 가면
낭떠러지 나오고
뱀 나오고
귀신 나오고
바이러스 감염되는 줄 아는데

꿈엔들 어찌
그 자리를 옮기겠는가?
단 한 번이라도 어찌
그 자리를 버리고
떠날 수 있단 말인가?

자유, 평등, 평화, 행복이 넘치는
봄나라를 어찌 떠나겠는가?

오로지
그 길 따라
하염없이
천지만물과 더불어
봄님들과 더불어
늘봄의 생활
향상일로의 길 가니
늘 새롭고 새로워
오독오독 살맛이 나도다.

봄 63
말이 아니면 듣지를 말라

한 생각도 없는 가운데
감각이 활짝 열려 듣노라면
말이 되는 소린지
말이 되지 않는 소린지
금방 안다.

말이 아니면 듣지를 말라는 것은
듣지 않는다는 말이 아니라
듣되
뜻을 따라 가지 않고
소리만 들어
말이 안 되는 소리라고
따지고 싸우지 않고
그냥 그 자리에 가만히 있어
움직이지 않는다는 말이다.
침묵한다는 말이다.

찌르고 때리고 몰아쳐도
화를 내거나 반격하지 않고
아무 일 없는 듯
가만히 있을 정도가 되면
어쩐지 모르게 상대방도
자기가 한 말을 단박 까먹은 듯
멈추어지는 것이 희한하다.

내가 나의 본성을 존중하여
보존하노라면
상대방도 자기의 본성이
나의 본성과 다르지 않으므로
그렇게 되는가 보다.

본성에서는
나의 본성과 너의 본성이
다르지 않다.

늘봄(한마음)에서는
나와 너의 구별이 없다.

그러므로
천지와도 바꿀 수 없는
존엄한 본성을
상하지 않게 지키면
상대방도 본성을
상하지 않고
지킨다.

"길이 아니면 가지를 말고
말이 아니면 듣지를 말라!"

참으로
완벽한 말이다.

봄 64
평등의 실현은 예의범절(禮儀凡節)로

봄은
존재의 근본바탕으로
남성(양)도 아니고 여성(음)도 아니다.
그래서
남녀노소의 차이가 없다고 하고
평등하다고 하는 것이다.

일심 그 자체는
시간 공간의 구별이 없고
시간 공간에 구애되지 않아
천지만물 우주만유가
온통 봄 하나이다.

그러나
일심으로
감각(공간)과 생각(시간)을
부리고 쓰는
작용면, 생활면으로 보면
엄연히
감각을 통하여
두두물물(頭頭物物)
형형색색(形形色色)이
완연하게 다르고
생각을 통하여
시비선악 남녀노소에
차별이 분명하다.

우리가 봄공부를 한다고 해서
산이 물이 되는 것이 아니고
물이 산이 되는 것이 결코 아니다.
어디까지나
산은 산이요, 물은 물이다.

평등한 가운데
하나도 같지 않은
차별이 있음을 알아야 한다.

여기에서
인간관계에 예의범절이
저절로 나타나기 마련이다.

평등만을 알고
차별이 있는 줄을 모르면
아직 봄공부를 모르는 사람이다.

평등을 제대로 알면
저절로 차별이 눈에 들어올 것이다.
그리하여
자발적으로 예(禮)를 행하게 된다.

예가 없는 세상은
인륜기강(人倫紀綱)이 무너져
금수와 같은 세상이 되고 말 것이다.

봄나라는
제2의 르네상스를 표방한다.

강요된 예의범절이 아니고
자발적으로 예를 행하여야 한다.

사람을 공경하고
자연을 사랑하는 심성으로 사는 것이
봄나라 봄님들이 살아가는 길이다.

평등의 실현은
예의범절을 통하여 실현된다.

봄 65
자기 점검표

1. 항상 사물을 바라봄 하면서
동시에 자기를 돌아봄이
끊어지거나 망각함이 있는가? 없는가?

2. 잡았다와 놓쳤다가
되풀이 되는가? 아니 되는가?

3. 심심하고 외로워
기웃거리는 때가 있는가? 없는가?

4. 일심에 대해서
안다고 생각하는가?
깨달았다고 생각하는가?
증득했다고 생각하는가?

5. 한 생각을 낼 때
비워지고 모름에서 나오는가?
아니면 생각에 꼬리를 물고 나오는가?

6. 일과 휴식의 경계가 있는가? 없는가?

7. 몸과 마음이 그대의 뜻대로 되는가?

8. 지금 여기
희로애락을 맘대로 할 수 있는가? 없는가?

9. 지금 여기
신비와 기쁨과 감사
그리고 에너지를 샘솟게 할 수 있는가? 없는가?

10. 지금 여기
소원성취이고 만사형통인가? 아닌가?

봄 66
밥 한술 먹으면 행복합니다

밥 한술 먹으면 행복하다는 말
여러 번 했지만
이 말 들으면서 지나쳤을 것이다.

그럴듯하다고 지나쳤을지도 모르고
속으로 거부반응 일어나도
지나쳤을지도 모른다.

그렇지 않고
권력 잡아야 행복하고
갑부 되어야 행복하고
명성을 얻어야 행복하다면
플러스이기에
마이너스가 반드시 따른다.

그러나
밥 한술 먹으면 행복한 경지는
플러스도 아니기에 마이너스도 없다.

그것이 일심의 자리이기에 원만구족하여
더 이상 플러스(욕망)를 희구하지 않는다.
그러기에 마이너스도 없다.

이 소식을 우리가 알아야하고
이 소식에 공감이 가야

무궁한 권력과
무궁한 부와
무궁한 명성을
앉은 자리 선 자리에서 누린다.

진리를 누리고 살면
그리 큰 돈이 필요하지 않고
그리 큰 권력이 필요하지 않고
그리 큰 명성이 필요하지 않다.

그런 것들은
빚이므로
반드시 갚아야 할 사항들이다.

빚지고 살지 않으면
최고로 잘 사는 것이다.

그러므로
세상 사람들이 추구하는 재색명리
초개같이 버려야 한다.

그래야
재색명리의 와중에서도
재색명리를 초월한다.

그래야
밥 한술 먹으면 행복한 까닭을
비로소 알 것이다.

봄 67

심장의 주인이 되어야 합니다

심장이 몸의 중심입니다.
심장이 제대로 움직이면
몸이 따뜻하고
머리는 서늘해집니다.

심장이 문제입니다.
그러나
머리를 장악하지 않으면
귀신이 발호하여
심장과의 만남을 방해합니다.

생각의 메커니즘을
생각 돌아봄으로 파악을 하여야
생각이 끼어들지 않아
심장과의 접근이 가능하고
심장과의 통합이 가능하고
심장과 하나가 되고
이윽고 심장의 주인임을
피차가 인지하기에 이릅니다.

그렇게 되면
주종관계가 성립합니다.
그렇게 되면
기공(氣功)을 하지 않아도
그저 말씀의 능력으로
심장은 주인의 말대로 움직입니다.

이보게,
지금 몸이 너무 차가우니
자네가 조금만 힘써주게.
자네는 충분한 능력이 있지 않는가?
내가 자네를 충분히 쉬도록 해주겠네.

이렇게만 하면 바로
몸이 더워집니다.
몸이 더워져야
마음도 따뜻해집니다.

이렇게 주인으로
몸과 마음을 다스립니다.

그 요체는
심장 돌아봄이요,
마음 돌아봄입니다.

심장만 장악하면
몸과 마음의 건강이 이루어집니다.

심장이 태양이기에
몸을 달구고
마음을 밝혀줍니다.

진실로
몸과 마음의 주인이 되면
심장도 주인의 명령에 순종합니다.

심장이 주인의 말 잘 들으면
모든 장기는 따라서 잘 돌아갑니다.

그러나
마음 돌아봄으로
생각이 끼어들지 않을 정도가 되어야
심장의 존재를 느끼고
심장을 돌보게 되어
이윽고
심장의 주인노릇이 가능합니다.

심장이 주인을 인증하기만 하면
명실상부한 몸과 마음의 주인입니다.
만물의 영장이고
사람다운 사람입니다.

이것이
봄나라
봄님의 노하우입니다.

봄 68
의식의 스크린

의식의 스크린이 뜨려면
안과 밖의 경계가 무너져
하나가 되어야 하고
하나마저 비워져야
대원경지(大圓鏡智)다.

대원경지가 되면
바라봄의 단계다.

자기가
우주의 중앙이기 때문에
더 이상 돌아봄이 아니다.

대원경지가
바로 의식의 스크린이므로
그 의식의 스크린에
자기의 생각도 뜨고
외부사물에 대한
느낌, 감정도
그 하나의 의식의 스크린에 뜬다.

이것이 옥경대다.
이 옥경대는
늘봄으로
항상 눈앞에 현전하는
의식의 스크린이다.

의식의 스크린이 떠야
내면과 외면이 하나로
통일장이고
있는 그대로의 진실을
봄이 가능하다.

여기서
과거에 미진했던 이미지가 뜨고
카르마,
업(業)이 보이므로
바라봄으로 업장을 소멸하고
자성중생을 제도하여
깨끗이 닦아 지움으로써
맑고 밝은 거울을 보존하여
일심으로
몸과 마음을
거느리고 다스리고 부리는
창조적 삶
자유자재한 삶을 누린다.

무극(0)이면서
태극(1)인 자리에서
모니터를 보면서
감각과 생각을
바라봄으로
방출(−)과 회수(+)를 반복하면서
운행하여
맑고 밝고
무한하고 영원한 에너지를 보존하여
일심으로

의식의 스크린을 바라봄으로
일체유심조(一體唯心造)이다.

자연과 인간을
잘 보아주고
예쁘게 보아주는
솔성(率性)의 능력을 발휘하여
일시에
아름다운 세상
착한 세상
진실한 세상
천당극락을 창조하는
캔버스가
의식의 스크린이다.

봄 69
삶은 예술입니다

제로라고 하는
순백의 캔버스에,
공간이라고 하는
의식의 스크린에,
자연이라고 하는
밑그림에,
일심이라고 하는
화가가
시간을 들여
색칠을 합니다.

오직
화가의 손길에 따라
어두운 그림이 되기도 하고
밝은 그림이 되기도 하고
차가운 그림이 되기도 하고
따뜻한 그림이 되기도 하고
아름다운 그림이 되기도 하고
추한 그림이 되기도 합니다.

오직
노래 부르는 사람에 따라
기쁨의 노래가 되기도 하고
슬픔의 노래가 되기도 합니다.

오직
글 쓰는 사람에 따라
투쟁의 글이 되기도 하고
평화의 글이 되기도 합니다.

우리 모두
무한의 공간에
영원이라고 하는 시간을 굴립니다.

자연이라고 하는
밑그림에
어떤 의미를 부여할 것입니까?
어떤 그림을 그릴 것입니까?
어떤 노래를 부를 것입니까?
어떤 글을 쓸 것입니까?
어떤 조각을 할 것입니까?

감각을 활짝 엶으로써
자연이라고 하는 밑그림이 나타나고
생각을 부리고 씀으로써
자연과 인간이 어우러지는
삶은 정녕 사랑이요, 예술입니다.

아무리 거대한 우주가
눈앞에 존재하여도
인간이 없으면 무의미합니다.

인간이 보아주고
의미를 부여하고
관심을 기울이고
정감을 느끼고

사랑을 하여야
그 모든 것이
살아납니다.

무조건 잘 보아주고
무조건 예쁘게 보아주노라면
보이고 들리는 것이
어느 하나
아름답고 고맙고
신비하지 않은 것이 없습니다.

인간은
자연이라고 하는 소재를 갖고
마음대로 창작하는 예술가입니다.
그것이 삶입니다.

우리는 지금
어떤 작품을 쓰고 있습니까?
우리는 지금
어떤 그림을 그리고 있습니까?
우리는 지금
어떤 노래를 부르고 있습니까?
우리는 지금
어떤 조각을 하고 있습니까?

우리는
처음부터 자유입니다.

그대를 사랑합니다.
그대가 보고 싶습니다.
그대를 보고 있습니다.

봄 70
봄나라 수련법의 개요

인간의 두뇌로 말하면
컴퓨터는 좌뇌에 해당합니다.
컴퓨터는 인공두뇌로서
이미 인간의 좌뇌를 능가한지 오랩니다.

그러므로
지금 인간에게 필요한 것은
우뇌를 계발하는 일입니다.
좌뇌계발을 통하여
인간은 과학기술과 물질문명을 이룩하였습니다.
지금부터는 우뇌를 계발하여
도학과 정신문화를 꽃피워야 합니다.

지금까지 인간은
좌뇌에 해당하는
놀라운 지능의 계발에 성공하여
동물을 제압하고 자연을 정복하기에 이르렀습니다.
사고, 기억, 분석, 추리, 논리만을 일삼다 보니
보고 듣고 맛보고 냄새 맡고 촉감 하는
우뇌의 감각 감상의 기능이
도외시 당하고 밀려나
지지부진한 상태에 머물러있습니다.

감각을 계발하여
감각이 활짝 열려야

생각과 물질의 질곡에 빠져 허덕이는
답답하고 비좁은 인간의 의식을
공간적으로
무한하게 확장하고
시간적으로
깊이 있게 세밀하게 파고들어가 닿아야
좌우의 두뇌가 균형 있고 조화로운 인간이 되어
진선미의 세계에 눈을 떠
자유와 평화와 행복을 누릴 수 있습니다.

우뇌계발법이란
감각의 계발법입니다.
특정한 시간에 특정한 방법으로
감각을 계발하는 것으로는 부족합니다.
감각은 생활을 떠나
별도로 존재하는 것이 아니기 때문입니다.

첫째

일상생활 가운데
무의식적으로 몸을 움직이던 버릇을 고쳐
의식적으로 <몸동작 돌아봄>을 하는 것이
감각을 일깨우고 살리는 기본입니다.

자기의 모든 몸동작을
대중을 잡고 감을 살려 낱낱이 알아차리기
자기 목소리 자기가 들으면서 말하기
식사 중 돌아봄(음식에 대한 고마움과 깊이 있는 맛의 음미)
자기의 기분과 얼굴의 표정 알아차리기
심장 박동 느끼기

아픔 느껴보기
더위 느껴보기
추위 느껴보기

둘째

몸동작 관찰이 어느 정도 되면
다음 단계로
생각, 느낌, 감정 등의 <마음 돌아봄>으로
감각의 범위를 더욱 세밀하게 나아가야 합니다.

무서움 느껴보기
심심함(외로움) 느껴보기
화냄 느껴보기
기쁨 느껴보기
답답함 느껴보기
허전함 느껴보기
슬픔 느껴보기
담담함 느껴보기
고요함 느껴보기
당당함 느껴보기
이리 갈까 저리 갈까 결정하지 못하고
꼼짝달싹 못하는 자기 모습 알아차리기
자기가 자기를 심판하는 모습 지켜보기
자기가 자기를 학대하고 벌주는 모습 지켜보기
오지 않은 미래를 미리 생각하면서
고민하고 겁내는 모습 알아차리고 깨어나기
기억하고 따지면서
속상해 안절부절 못하는 모습 지켜보기

간간이 귀 기울여 가까이서 멀리서 들리는
모든 소리 놓치지 않고 다 들어보기
눈 활짝 열고 보기
귀 활짝 열고 들어보기

셋째

1. 집이나 학교, 사무실 등에서 하는
시청각 계발법

텔레비전 보면서
자기의 생각, 느낌, 감정
동시에 알아차리기 연습
컴퓨터 다루면서
자기의 손동작 알아차림과
동시에 자기의 기분 알아차리기
자기 방 수시로 둘러보기
집안 샅샅이 둘러보기
교실 둘러보기
사무실 둘러보기
전철 내부 샅샅이 둘러보기
걸어가면서 지형지세 살피기
지나가는 길에
길거리, 가로수, 건물, 행인, 간판 살펴보기

2. 산이나 들
강이나 바다 등을 찾아가서 하는
<자연 바라봄 수련>을 통하여
정서 함양과 호연지기를 양성합니다.

풀, 나무, 가지, 잎새, 돌, 바위, 흙,
하늘, 구름, 물, 물결, 흐름
하나하나 유심히 살펴
그 모양과 색깔을 음미하고 깊이 감상하기
산세, 능선의 흐름 살피기
바람소리, 새소리, 벌레소리, 파도소리
새의 날개 짓
밤하늘 바라보기
이루 말로 형용키 어려운 공부의 자료가
무한대하게 펼쳐져 있음을
보고 듣고 감상하노라면
마음은 한없이 넓어지고 아늑하고
평화롭고 행복해집니다.

이상 세 가지 법을
꾸준히 생활 가운데 실천하면
누구나 감각이 계발되어
눈이 떠지고 눈이 열립니다.

눈이 열린 만큼의 세계가 보이고
보인 만큼 향유할 수 있습니다.

감각이 활짝 열려야
존재의 진실함이 보이고
착함이 보이고
아름다움이 보입니다.

감각을 부지런히 계발하여야
지상천국을 감상하고 누릴 수 있습니다.

이 세상 이대로가
이미 천당 극락임을
감각이 계발되어
눈을 뜬 인간이라야 압니다.

감각이
활짝 열린 세계가
봄나라입니다.

봄나라 수련법은
인간계발
자아완성을 위한
우뇌계발
감각 감상의 계발법입니다.

봄 71

바르게 보는 법

사람이나 사물을 볼 때
"보는 자"가 없이 "봄"이
바르게 보는 법이다.

거기에
보는 당신의 주관이 개입되면
"있는 그대로"의 사람이나 사물을
제대로 보는 것이 아니다.
그것은
선입견이나 고정관념이라고 하는
색안경을 끼고 보는 것이고,
왜곡하여 잘못 본 것을 보고
판단, 평가, 심판하는 오류를 범하는 것이다.

그럼에도 불구하고
당신을 포함한 대부분의 사람들은
자기가 제대로 보지 못한 줄도 모르고
자기가 내린 자기의 생각
(추리, 판단, 결론, 평가, 심판)에 대하여
조금도 의심하지 않고 믿어버린다.
그렇게
스스로 속는 줄도 모르고
늘상 되풀이 하며 산다.

자기가 잘못 보고,
잘못 생각하고,
잘못 판단하고,
잘못 대응을 할 수도 있다는 사실을
좀처럼 수긍하지 못한다.

자기가 본 것은
틀림없고
자기가 생각한 것은
틀림없다는
아집과 맹신에서
고집이 나오고 주장이 나오고
논쟁이 나오고 투쟁이 나온다.

거의 대부분의 사람들이
그러하기 때문에
자기가 본 것이 맞고
남이 본 것이 틀리다는
터무니없는 소신을
은연중 갖고 있는 것이다.

그리하여
세상은 논쟁이 벌어지고
싸움이 벌어지고 시끄러워진다.

그러므로
문제해결의 핵심은
어떻게 하면 주관(보는 자)의 개입이 없이
"있는 그대로"의 모습을 볼 수 있느냐다.

당신이
사람이나 사물을 보고 판단하기에 앞서
당신은 당신의 의식의 스크린에 떠오른
생각이나 감정부터 먼저 보아야 한다.
놓치지 않고 끝까지 보고 읽고 이해하면
와해가 되고 해소가 되어
지워지고 비워지기 마련이다.

이렇게
마음을 비우고 보는 것이
주관을 비우고 보는 바른 법이다.

의식의 창(스크린)에 뜬
과거의 기억을
모조리 지우고 나서 보아야 한다.
모조리 지우는 방법은
소상하게 보고 파악하고
뜨게 된 내력을 모조리 이해하는 것이다.

그리하여
늘 보던 사람이라도
마치 처음 대하는 사람처럼
초심으로 바라보아야 한다.
집안이나 거리의 풍경이나
자연을 바라볼 때에도
백지와 같은
빈 마음의 캔버스에
담아내어 보아야 한다.

그렇게 되면
마음 보따리가 한 없이 넓어지고 비워져
천지만물이 모조리 당신의 수중에 들어온다.
당신의 의식을 떠나
존재하는 것이 하나도 없게 된다.

거기에
보는 자(주관)와 보이는 대상(객관)이
혼연일체가 되어 주객일체가 된다.

이렇게 보는 것이
바르게 보는 법이다.

바르게 보아야
바르게 알게 된다.
바르게 알아야
바른 행동이 나온다.

바르게 보는 법을
터득하지 않고는
도저히 바르게 살 수가 없다.

바르게 보는 법을
당신은 터득하여야 한다.

이 문제를 해결하지 못하면
인간의식의 진화가 이루어지지 않는다.

의식의 진보가 이루어지지 않고서는
세상의 산적한 문제는 해결이 되지 않는다.

봄 72
바르게 듣는 법

사람이 사람다운 것은
서로 간에 의사소통을
언어로 주고받는 것이다.

그런데 대부분의 사람들은
남의 이야기를 듣기보다는
자기의 말을 하기를 좋아한다.

그러므로
남의 이야기를
제대로 경청하는 사람이 드물다.

그리하여
남의 이야기가 끝나기도 전에
중간에
남의 말을 가로채고
자기가 말하기 일쑤이다.
이렇게 되면
같은 공간에
두 사람이
동시에 말을 하는 사태가 벌어진다.

이것은
바르게 듣는 태도가 아니다.

당신은
상대방의 말이 끝날 때까지
끈기 있게 경청하는가?
아니면
중간에
상대방의 말을 가로막는 편인가?

어떻게 듣는 것이
바르게 듣는 법인가?

당신은
상대방의 말을 들으면서
동시에
당신의 눈앞에 펼쳐진 의식의 스크린에
반사적으로 떠오르는
당신의 생각(판단, 평가, 심판)을
명료하게 보고 의식하면서 듣는가?

만약 당신이
당신의 내면에 뜬
의식의 스크린을
줄기차게 돌아보고 바라보면서 듣는다면
반사적으로 떠오르는
당신의 생각이
언어로 성립되기 이전 단계에서
와해되고
밖으로 방출하려던 에너지가
안으로 돌아 갈무리 된다.

당신이
바르게 듣는 법을
실천하기 위해서는
이와 같이
밖으로 나아가려는
원심력을 잡아 돌린 다음
안으로 구심력을 발동시켜
태풍을 소멸시켜야 한다.

이렇게 하려면
평소에 의식의 스크린이 나타나도록
"돌아봄"의 수행을 하여 힘을 길러야 한다.
"돌아봄"의 수행을 하기 위해서는
쓸데없는 정보의 수집이나
불요불급한 일에는
가급적 관심을 기울이지 않아야
에너지를 낭비하지 않게 되어
"돌아봄"의 수행이 가능해진다.

"돌아봄"의 수행을
생활 가운데 끊어지지 않도록 하여야
득력을 할 수 있다는 사실을 명심하여야 한다.
그 힘을 얻고 난 후에
비로소
상대방의 말을
조용하게 경청하면서
의식의 스크린에 뜨는
당신의 마음(생각과 감정)을
바라보고 다스려
마음을 비운 상태에서
고요하게 들을 수 있다.

그렇게 들으면
당신은
상대방의 표면적인 말소리뿐만이 아니라
깊은 속내까지 저절로 알게 된다.

그렇게 들으면
당신은
알기 어렵다는
한 길 사람 속을
화안하게 알게 된다.

상대방의 말의 진위는 물론이고
상대방의 인격의 깊이나
의식의 수준까지 파악할 수 있게 된다.

그렇게 듣는 것이
바르게 듣는 법이다.

그러므로
완전한 이해가 되어
불완전연소로 인한
찌꺼기가 남지 않아야
더 이상 기억으로 남지 않아
미구에
의식의 스크린에 떠오르지 않게 된다.

바르게 듣는 법을
실천하며 살면
그만큼 의식의 거울에는
먼지가 끼지 않아
의식의 순수성이 높아진다.

마음을 비우고
귀를 열고 살면 세상의 소리가 들린다.
늘 듣던 바람소리, 물소리, 벌레소리,
천둥소리, 자동차소리, 사람소리지만
모든 소리가
내 의식의 우산 안에서 들리고
더욱 아름답고 신비스럽고
새롭게 다가온다.

바르게 들으면서 살아야
삶의 질이 한 단계 높아진다.

봄 73
바르게 말하는 법

"말하는 자(에고)"를
설정한 상태에서
말을 하면
생각(좌뇌)이 앞서고
그 뒤를
말(입)이 따라가는 형식이 된다.

에고가 말을 하면
참말이 나오지 않는다.

좌뇌에 저장된
기억이나 지식에 의존하여
말을 하여야 하므로
힘이 들고
기껏해야
남의 것을 인용하거나 모방하여
말을 하는 것이므로
엄격히 말하면 자기의 소리가 아니다.

자기의 소리가 나오려면
의식의 스크린에 설정된
"말하는 자"를 지워
텅 비고 투명하게 만들어야 한다.

당신이
바르게 말을 하려면
당신의 의식의 스크린을
말끔히 비우는 일부터 시작하여야 한다.

오직 "봄"만이 존재할 때
거기에는
주관과 객관 사이에
간격이 사라져
주객일체가 된다.

이렇게 되면
마음이 몸을 끌고 가는
형식이 타파되어
마음에는 부담이 없어지고
몸은 자유롭게 되어
마음과 몸의 분리가 사라지고
합일이 된다.

이렇게 되면
의식의 스크린을 통해
마음과 몸은 본래의 하나가 된다.
이렇게 되면
의식의 스크린만 보고 있으면
생각과 언어가 동시적으로 구사되면서
말이 나온다.

의식의 스크린만 보고 있으면
오직 "봄"만이 존재하게 되고
그 "봄"이 말을 한다.

거기에는
생각을 해야 하는 주체가
따로 없으므로
번거로움이나 수고로움 같은 게 없다.

순수의식이 직접 관할하여
몸을 움직이는 것이다.

이렇게 되면
소아(생각)가 말하는 것이 아니고
대아(봄)가 말하는 것이다.

그러므로
말이 진실하고 소박하고
간단명료해진다.
습관적으로 되풀이 하는
말투가 사라지고
말소리가 안정되게 나오고
창조적으로 구사된다.

소아의 입장에서 보면
말이 저절로 나가는 것이다.

이렇게 되면
두뇌와 입과의 사이에만
배타적으로 형성되던
신경회로가 해제되므로
당신이 하는 말소리가
당신의 귀에 잘 들리게 된다.

이렇게 되면
당신은 말을 하면서
동시에 말소리를 듣는
열린 의식의 소유자가 된다.

당신이 하는 말을
당신이 듣기 때문에
언제든지 당신은
억양을 바꾸고 음성을 바꾸고
고저장단을 자유롭게 바꾸면서
다스릴 수 있는 여지와 권능을
당신이 거머쥐게 된다.

당신의 마음이
당신의 몸을 부리는 것이 아니고
당신(봄)이 직접
몸과 마음을 부리고 쓸 수 있게 되는 것이다.

이렇게 하는 것이
바르게 말하는 법이다.

봄 74
바르게 걷는 법

걷는 행위는
행주좌와(行住坐臥)의
사위의(四威儀) 중에서도
가장 중요한 행동이다.

걸을 때
의식의 스크린을 돌아보고
거기에
"걷는 자(에고)"가
주도하려고 한다면
즉시 놓아버려야 한다.

마음(나라는 생각)이
몸을 부리려고 하는 것은
마음과 몸의
분열의 조짐이기 때문이다.

그러므로
에고가
앞서서
몸을 끌고 가려고 하면
힘이 빠지고 권태와 싫증이 난다.

그것을 모면한답시고
마음(에고)은 꾀를 부려

엉뚱한 생각이나
즐거운 공상 속으로 도망가서
거기에 빠지므로
자기의 걷는 동작이나
주위의 배경이
의식의 스크린에 잡히지 않게 된다.

무의식적으로 걷게 되거나
목표지향적으로 걷게 되어
걸어가는 자신의 동작 하나하나와
주변의 풍경을
알아차리고 음미하며 걷지 못하게 된다.

거기에는
여유와 한가가 없고
광대무량한
의식의 나래(호연지기)가 펴지지 않는다.

목표지점을 향해
마음(에고)은
한편으로는 쫓아가느라고 바쁘고
또 한편으로는
자기가 설정한
프로그램(생각)에 쫓기는 형국(形局)이 된다.

대부분의 사람들이 이렇게 걷고 있다.

이렇게 걷는 것은
사람다운 걸음걸이가 아니다.

이렇게 걷는 것은
바르게 걷는 법이 아니다.

일단 걸을 때
목표와 방향을
설정하는 것은 불가피한 노릇이다.

그러므로
한번 정(定)한 다음에는
그 정한 생각을
짊어지고 다닐 필요는 없다.
내려놓고 걸어야
발걸음이 가벼워진다.

그렇게 하고 걸어야
최초의 목표와 방향에
얽매이지 않고 사로잡히지 않아
발상을 자유자재로 할 수 있고
중도에 얼마든지
목표와 방향을 바꿀 수도 있다.

걸어가는 목적지나 방향은
그 때 그 때 형편에 따라
얼마든지 달라질 수도 있으므로
언제든지 바꿀 수 있어야 한다.

당신은
어떻게 걷고 있는가?

당신은
양자택일의 갈림길 앞에서
어떻게 걸어갈 것인가?

좌뇌(에고)는
사물의 장단을 가리고
이해득실을 계량할 수 있다.
그러나 좌뇌는
물질을 포함한
전체적인 삶의
이해득실(利害得失)을 가리지는 못한다.

그러므로
당신이
생각으로
어느 한 쪽을 택하면
다른 쪽에 대한
미련과 아쉬움이 남는다.

그렇다면
당신은 어떻게 할 것인가?
당신은
양자택일(兩者擇一)을 하려는
생각(에고)을 놓고
텅 빈 의식의 공간을
바라보며 걸으면 된다.

그렇게 걷다보면
당신은
어느 사이에

어느 한 길로
들어서고 있음을
발견하게 될 것이다.

그렇게 하면
다른 길에 대한 미련이나 아쉬움이
전혀 남지 않는 가운데
걷는 행위 자체를
즐기며 걸을 수 있을 것이다.

그렇게 걷는다면
당신은
좌우의 다리가 번갈아 가며
앞으로 내딛고
좌우의 팔이 번갈아 가며
교대로 앞뒤로 흔들어 주면서
걷는
당신의 모습을
생전 처음으로 발견하게 될 것이다.

당신은
자신의 동작 하나하나를
즐기며 걷게 될 것이다.

당신이
비록 바쁜 몸일지라도
그렇게 걷는다면
당신은
망중한(忙中閑)을 즐기며
걸을 수 있을 것이다.

바르게 걷는 법이란
어떻게 걷는 것인가?

의식의 스크린에
"걷는 나"가 끼어들지 못하도록
바라보며 걷는 것이다.

그렇게 걸으면
마음과 몸의
분열(分裂)이 일어나지 않는다.

그렇게 걸으면
의식의 스크린이 펴지면서
자기와 주변이 화안해지고
활기가 넘치고 즐거워진다.
과정 하나하나를
즐기며 걷다 보면
어느 사이에 목적지에 도달한다.

보고 듣고 냄새 맡고
생각하고 느끼면서
볼 일 다 보면서
분명히 지나왔건만
지나 온 사이조차 없이
순식간에 도달하였으니
참으로
신통(神通)이 자재(自在)하다고 할 것이다.

이렇게 되어야
바르게 걸음이다.

봄 75
한 생각 돌리기

눈앞에 보이는 사람이
어떤 때는 좋게 보이기도 하고
어떤 때는 나쁘게 보이기도 한다.

문제는 그 사람이 아니라
그렇게 보는 나 자신에게 있다.

내가
어떤 마음
어떤 시선
어떤 느낌
어떤 감정으로 보느냐
그것이 문제다.

어떤 때는
보지 않고도
그 사람의 말소리만 듣고 있어도
느낌이 오고
부정적인 생각이 들고
불쾌하기까지 하다.

그러나
불쾌한 것도
남의 문제가 아니고
나의 문제다.

불쾌해진
자기의 마음을
즉각 알아차려
불쾌한 감정이 사라질 때까지
바라보아야
마음이 닦이어
불쾌함이 없는
정상적인 마음으로 돌아가
깨끗해진다.

이 정상적인 마음이
본심(本心)이요,
평상심(平常心)이요,
일심(一心)으로

이것을 깨닫고
증득하여야
밉게 보는
한 생각을
예쁘게 보는
한 생각으로
돌리기가
손바닥 뒤집듯
쉽다.

봄 76
한 법도 마음에 담아두지 말자

한 법이란
한 생각으로

어떤 사안에 대하여
일일이
선악시비의 관념을 정하여
기억시키고 입력시켜
그 생각이나 결론이나 룰을
금과옥조(金科玉條)로 삼아
그대로 행하려고 하고
그 생각이나 법을 기준으로 삼아

자기와 남을
판단, 평가, 심판하게 되어
결국 그 생각의 노예가 되고
노심초사하며
근심, 걱정에 놀아나는
틀에 박힌 인간이 되고
부자유한 인간이 되고 만다.

우리는
부지불식간에
전통이나 관습이나
이데올로기나 종교적 교리나
윤리도덕이나

심지어
건강에 관한 상식에 이르기까지
무조건 받아들이고 믿어
율법주의자로 전락한다.

그러므로
우리는
한 법도 정하지 말고
한 법에도 매이지 않아야
자유로운 가운데
깨어있는 정신으로
그 때 그 때에 맞는
창조적인 법을 만들어 쓰고
그 법까지도 즉시 놓아버려
한 법에도 구애되지 않아
마음을 비우고
깨끗하게 보존하여
본심을 지킨다.

한 법도 없어야
자유가 있고
한 법도 없어야
시비를 일으키지 않고
대립, 갈등, 투쟁의 삶에서
해방된다.

모든 것은
그 때 그 때 당하여
무심으로
자연스럽게 행하여

인위적인
모방과 답습에 떨어지지 않아
후회 없고
겁 없고
자유로운 삶을 산다.

오직 봄!
그냥 봄!
온통 봄!

이것만이
봄나라 법이다.

봄 77
백전백승

봄나라 봄공부는
봄님이
이기도록 되어있는 게임
이길 수밖에 없는 도리다.

땅 짚고 헤엄치기다.

왜 그런가 하면
봄의 빛으로
마음(생각, 느낌, 감정)이라고 하는
그림자를 비추는 것이기 때문이다.

빛으로 비추는데
어찌
그림자가 사라지지 않겠는가?

그러니
백전백승이다.

봄의 능력은
사람이라면
누구든지 갖고 있기에
봄공부만 하면
누구든지
그림자 벗어나

생각의 노예 신세 면하고
태양처럼 빛나는
몸과 마음의 주인으로
거듭나 자리 잡는다.

봄 자체는
생각으로
알아낼 수는 없으나
감각을 계발하여
감각을 활짝 열기만 하면
깨달아지고
알아진다.

봄은
나이를 안 먹어
늙지도
죽지도 않는다.

그러기에
천지만물
우주만유의
바탕이며 근본으로
오직
봄만이 존재한다.

그러므로
봄나라 봄공부는
백전백승
전승가도를 달린다.

봄 78
칭찬과 비방에 흔들리지 말자

누구나
칭찬은 좋아하고
비방은 싫어한다.

그것이
우리가 살아가는 방식이다.

우리는
좋아하고 싫어하는
이분법으로
취하고 버림으로써
희비쌍곡선을 그리며
올라갔다(up) 내려갔다(down)를
반복한다.

어리석은 삶이다.

즐거움을
탐하다보니
괴로움이 생겼다.

그러므로
누가 칭찬을 하는 순간
자기 안에서 일어나는 반응들

즐거워하고
좋아하는 반응들을
반드시 바라봄으로 비추어
의식의 스크린을
깨끗이 닦지 않으면
조건부여가 되어
조건반사를 면치 못한다.

칭찬을 받고자 하는
욕심이
내면에 깃들어
자리 잡으면
칭찬의 노예가 된다.

그렇게 되면
자기를 칭찬하는 자에게
약하여
그에게 의존하고
그를 기다리고
그를 반기고
예 예 하다 보니
아니오 소리 하기가
어려워진다.

마찬가지로
누가 나를 비방을 하면
자존심이 상하고
괴로워지는데
그러한 자기의 반응을
당연하다고 여기어

고집을 부리고
성질을 내면서
괴로움을 자초해서는
안 된다.

반드시
그러한 내면의 반응들을
바라봄으로 비추어
깨끗이 지워야한다.

칭찬이든 비방이든
반드시
좋아하는 반응들
싫어하는 반응들을
처음부터 끝까지 비추어
남김없이 지워
깨끗이 만들고
넘어가야 한다.

만약 그렇게
돌아봄, 바라봄
늘봄의 생활을
하지 않으며 살면
끝없이 되풀이되는
조건부여와 조건반사
입력 출력으로 돌아가는
동물적인 삶이나
기계적인 삶을
면치 못할 것이다.

잘 지울 수 있어야
여백이 생기고
거기에
자유와 평화와 행복이 있어
칭찬과 비방에
매이지 않고
칭찬과 비방을
걸림 없이
자취 없이
자유자재하게
부리고 쓴다.

그 지경이 되어야
사바가 극락이고
지상이 천국이고
예토(穢土)가 정토(淨土)가 된다.

이때에
이분법(二分法)은
비로소
불이법(不二法)이 된다.

봄 79
눈으로 사진 찍어 놓아야 필요시 화안하게 떠올릴 수 있다

집안 살림을 잘 하려면
방이나 거실, 부엌, 베란다, 창고 등을
자주 살펴보면서
눈으로 사진을 찍어 놓아야
앉아서도
집안을 화안하게 떠올릴 수 있다.

자주 살펴보면
흐트러지거나 더러워진 것이 눈에 띄어
바로 힘들이지 않고
정리정돈과 청소가 가능하며
필요한 물건을 찾을 때도
당황하지 않고
바로 찾아 쓸 수 있다.

사무실관리나
농장관리
공장관리도
집안 살림이나 마찬가지다.

가정이나
회사나
학교나
사회의 주인이라면

주변의 환경이나 시설이나 설비를
눈감고도 펠 수 있어야 한다.

그래야
터줏대감이고
만물의 영장이고
천지의 주인이다.

산이나 들,
강이나 바다,
풀이나 나무,
벌레와 새,
물고기,
동물들,
사람들,
지나다니는 길거리,
빌딩, 아파트, 주택,
가로수, 간판들을
지나치지 말고
동영상 촬영을 해두어야
머릿속에 파일로 자동분류 저장된다.

그래야
현장으로 달려가지 않고도
앉아서 천리안이다.

그래야
특정의 장소에 끌리지 않고
필요시 내 의식의 스크린에
떠올려 수용함이 가능하다.

그래야
자연과 환경이 내재화된다.

그렇게 되면
눈썰미가 더욱 계발되어
일의 능력은 물론
공부나 연구나 창작활동에도
탁월한 창조적 능력을 발휘할 수 있다.

그렇게 되면
글을 쓰거나 말을 할 때도
그림을 그려 보여주듯이
실감이 나고
공감이 쉽게 이루어진다.

눈으로 사진을 많이 찍어두어야
그 활용이 무궁무진하고
아름다움과 감동과 감사의
물결을 일으키고
감각 감상 할 줄 아는
깊이 있고 풍성한 삶을 누린다.

봄 80
감각과 감상의 과정

감각이 열리면
비로소 연극의 막이 오른 것 같다.
거기서부터
구경이 시작되기 때문이다.

구경이란
눈으로 봄이다.

눈은
동영상 디지털 카메라와 같다.
눈만 뜨고 있으면
보이기 마련이다.
그것이 감각(시각)이다.
그러나
여기서 그냥 스쳐 지나가면 안 된다.

색깔과 모양에 대한
예리한 관찰과
약간의 움직임조차
놓치지 않는
명료함 가운데
주객일체 물아일체가 되어야
천지만물이
내 안에 들어와
내재화(內在化)된다.

이 사진과 장면을
하나하나
부분적으로 내재화하려면
이름을 붙이고 캡션을 달고
간략하나마 스토리랄까
개념정리가 필요하다.

이 과정이
찍어놓은 사진에 대한
감상의 과정이다.

감상은
감각에 생각을 붙임으로
감각과 생각의 합작이다.

그렇게 해놓아야
파일화가 가능하고
분류가 가능하고 저장이 가능하여
필요시 바로 떠올려
풍운조화(風雲造化)를 부릴 수 있다.

자연을 내재화하기 위해서는
자연 바라봄을 통해
각가지 눈 사진을 많이 찍어놓아야 한다.
그리고
이름을 붙이고 캡션을 달아놓아야
즉각 떠올림이 가능하여
바람 불고 물결치게 하는
우주의 주인노릇이 가능해진다.

모든 것이
자기가 마음먹는 그대로
즉각 이루어지는 경지다.

일심을 증득하지 못한
분상에서
더욱이 감상의 깊이가
천박한 수준에서
잘못 흉내 내면
현실을 놓치고
공상의 세계에 빠질 수 있으므로
경계와 주의를 요하는 부분이다.

바라봄의 단계
이후라야 가능한 수행이다.

봄 81
더 이상 닦을 것이 없는 상견성의 경지

의식의 스크린에 뜬
생각이나 이미지
느낌이나 감정에 대하여
선악미추(善惡美醜)로
판단, 평가, 심판하는 일이 사라지면
근심, 걱정, 불안, 공포도 사라지고
대립, 갈등, 투쟁까지 사라지고 보면
의식의 스크린은
단 한 번도 물들거나
더러워지지 않는다는 사실을
깨닫기에 이른다.

이것이
바라봄을 통한
중견성(中見性)을 통과하고
늘봄이 되어
비로소 확연하게 자증되는
상견성(上見性)의 경지다.

여기에 이르러야
진정
함이 없이 하는
도리에 계합되어
진정 자기가 무엇인지
확철대오 하여

대해탈을 성취하고
대자유를 성취하고
평화와 행복의 나라가
봄나라임을
믿어 의심치 않는다.

여기에 이르러
닦는 것이 닦는 것이 아니고
닦을 것이 없는 도리에
완전 계합한다.

의식의 스크린에는
깨끗한 것도 묻지 않고
더러운 것도 묻지 않는
허공성(虛空性)임을 실감한다.

허공은
영성은
봄은
물들지도 더러워지지도 않아
항상 깨끗하여
닦을 것이 없음을 알아야
깨달아 마친
무사인(無事人)이다.

봄 82
언어의 격식을 초월한 격외도리

말은
이분법적(二分法的)이고
양자택일적(兩者擇一的)이다.

그래서
말을 들으면
좋다 나쁘다
옳다 그르다 라고 하는
생각이 뜬다.

옳다고 하면
기분이 좋아지고
그르다고 하면
기분이 나빠진다.

그래서
틀이 잡히고
논리가 생기고
문법이 생기고
격식이 생겨
격식을 벗어나면
틀렸다고
거부하고 저항한다.

그래서
너는 좋은 사람이라고 하면

기분이 좋지만
너는 나쁜 사람이라고 하면
기분이 나빠진다.

사람의 기분이
말 한마디에 달렸다.

말은
입술과 혀가
허파에서 나오는 바람을 말아
퉁기어 내는
소리에 불과하다.

그래서
너는 나쁘다는
단 한마디 말에
걸리고
꼬부라져
속이 상하여
죽는다.

그러므로
우리는
언어의 이분법과
양자택일이라는
언어의 허구성(虛構性)을
알아서
너는 나쁜 사람이라는
말에도
조금도 흔들리지 말고

너는 좋은 사람이라는
말에도
조금도 구애되지 않아야
언어로부터 자유로워진다.

나는
본래
좋은 사람도
나쁜 사람도
아니기 때문이다.

나는
봄이기 때문이다.

그래야
언어의 격식(格式)을
초월하여
설정된 언어의 뜻에
구애(拘碍)받지 않고
부정 긍정 양 날개를
자유자재로 쓰는
격외도리(格外道理)에
눈을 뜨게 되고
사용하기에 이른다.

이른바
쌍칼잡이 무법자요,
훤칠하고 호방한
대장부다.

봄 83
대인은 소인과 시비논란을 하지 않는다

대인(봄)은
소인(생각)을 보고
옳다 그르다
하지 않는다.

그것은
아기를 보고
야단치지 않는 것과 같고
동물을 보고
선악시비를 따지지 않는 것과도 같다.

생각은
좌뇌의 작용이므로
몸에서 나온 것이니
물질현상이다.

그러므로
생각은
동물성이다.

봄이 사람이니
사람이 동물(생각)을
돌보고 기르고 보호한다.

봄의 힘으로

감각과 생각을
아울러 쓰며 사는 사람을
대인이라고 하면
생각을 위주로
감각이 닫혀 사는 사람은
소인이다.

그러나
대인 소인은
종자가 따로 있는 것이 아니고
누구나
봄으로 사는 순간은
대인이고
한 순간이라도
생각을 위주로 살면
그 순간
소인이다.

소인과 소인은
서로
다투고 싸우고 이기려고 하지만
대인은 절대로 소인과
다투거나 싸우거나 이기려고 하지 않는다.

그러나
늘봄의 경지에 도달한
대인이라도
소인과 다투고 싸우고 이기려고 하는
경우가 있는데
그것은 겉모습이고

실은
소인을 한 단계 끌어올리려는
자비의 발로에 불과하다.

그것은 마치
물에 빠진 사람을 구하려면
물에 스스로 들어가지 않으면
안 되는 경우와 같다.

문제는
지금 여기
태양이 지구를 비추듯
봄으로
생각을 비추냐, 비추지 않느냐다.

결국
<늘봄>이라야 대인이다.
늘봄이 되지 못하면
소인이 되었다가
대인이 되었다가 한다.

대인이라야
천지만물을 사랑하고
인간을 공경한다.

<늘봄의 생활>이
바로
천지를 창조하는
창세기인 동시에
만물을 화육하며

사랑과 자비를 발휘하는
섭리이며
삶의 길이요,
인간완성의 길이다.

그러나
함이 없이 하여
한 적이 결코 남지 않아야
진정한 대인이다.

봄 84

늘봄의 경지가 되어 확철대오 하여야 진정한 봄이다

몸과 마음이
내가 아니다.
나는 봄이다.

봄을
확철대오 하지 못하면
봄을
증득하지 못하면
종종 헷갈려
몸을 자기로 착각하거나
맘을 자기로 착각한다.

몸이 아프다고
내가 아픈 것이 아니고
맘이 상하다고
내가 상한 것이 아니다.

나는
몸과 맘의 조건에
구애받지 않는
여여한
초월자
봄이다.

몸이 아픈 가운데도
나는 여여하고
맘이 상한 가운데도
나는 여여하다.

나는 항상 여여하다.
변화가 있는 것은
봄이 아니다.

만일 몸과 맘에 따라
영향을 받는다면
그것은
결코 봄이 아니다.

봄은
판단, 평가, 심판의 와중에서도
여여하고
근심, 걱정, 불안, 공포 속에도
여여하고
대립, 갈등, 투쟁 속에도
여여하다.

병고와 환란 속에도 여여하여야
봄이고
몸이 죽는다고 하여도 여여하여야
봄이고
재산풍파가 와도 여여하여야
봄이고
이기고 지는 것에 구애받지 않아야
봄이고

언어와 문구에 끄달리지 않아야
봄이다.

봄나라는
언제 어디 누구에게나 빛나고 있다.
돌아봄, 바라봄을 지나
늘봄의 경지가 되어
확철대오 하여야
상견성(上見性)이고
진정한 봄이다.

봄 85
견성의 3단계

초견성은
돌아봄이 끊어지지 않아
보는 자기가 보이는 자기를
밖의 자기가 안의 자기를
지금의 생각이 좀 전의 기억된 생각을
지금의 생각이 유추된 나중의 생각을
돌아보는
분열의 단계를 종식시키고
합일을 시켜
추구하는 자가 사라져
고요하고 텅 비었으나
일심의 힘이 생기지 않은
미약하고 희미한 바탕을
보고 앎이다.

중견성은
보는 자와 보이는 자의 합일로
새로운 차원으로 탄생은 하였으나
마치 갓난아기가
누워서 버둥거리는 것과 같이
뒤집기도 못하고
기지도 못하고
앉지도 못하고
서지도 걷지도 못하고
걷거나 뛰지도 못하고

남의 말은 조금 알아들으나
자기 입이 떨어지지 않아
자기가 영적인 얼아라는 것을
깨달아
초심으로 돌아가
새로 바라봄을 시작하는 단계이다.

여기서부터
일심의 힘이 커나간다.

상견성은
바라봄이 끊어지지 않는
늘봄의 경지에서
크고 거친 망념은 일으키지 않으나
미세망념이 없지 않다가
최종적으로
선악미추의 이분법이 완전히 타파되어
비추고 닦을 필요조차 없는
확철대오의 경지다.

여기서부터
무심에 떨어지지 않고
일심의 힘 얻어
봄을 여의지 않는 가운데
언어나 문구에 걸림 없이
긍정과 부정을 넘나들며
자유롭게 구사하는
격외도리가 터져 나온다.

봄 86
에덴동산으로 돌아가 삽시다

선악과를 따먹기 이전에는
인간은 에덴동산에 살았습니다.

에덴동산은 낙원을 말합니다.
낙원이란
자유와 평화와 행복에 넘친 세상입니다.

선악과를 따먹었다는 말은
선악미추
이분법을 세우는 바람에
인간의 의식이 둘로 분열되어
서로 간에
대립, 갈등, 투쟁하기에 이르러
실낙원(失樂園) 되고
중생(衆生)이 되었던 것입니다.

이것이 인간의 원죄입니다.

그리하여
자기가 자기를
판단, 평가, 심판하여
자기가 자기를
벌주고 때리고 감금합니다.

또한 환상을 그려놓고
근심, 걱정, 불안, 공포에 빠져
신음하고 괴로워합니다.

모든 괴로움은
자기의 분열에서 오는
자해행위입니다.

그러므로
낙원을 회복하려면
분열된 두 개의 자기를
통일된 하나로
합일시켜야 합니다.

돌아봄이 끊어지지 않아야
낙원을 발견하고
바라봄이 끊어지지 않아야
늘봄이 되고
늘봄의 경지에서
자기가 선악과를 따먹고
선악이분법을 따르는 바람에
괴로움과 불행을
자초한 것이라는 것을
확철하게 깨달아야
진참회한 것이고
회개한 것이고
속죄한 것임을 알아야
에덴동산으로 돌아갑니다.

에덴동산이
무엇을 말하는지 안다든가
가는 길을 안다든가
에덴동산을 본 적이 있다든가
이것으로는

아직
에덴동산으로 돌아간 것이 아닙니다.

문제는
에덴동산으로 돌아가 사는 것입니다.

에덴동산이 어디입니까?

봄나라입니다.

봄나라는
에덴동산으로 가는 길이
구체적으로 명시되어 있고
멀리서 본 초견성(初見性)
그리고
아직 중도에서
돌아가지 못하였다는 것을 아는
중견성(中見性)
최종적으로
에덴동산에 입성하여
다시금 낙원을 수용하며 사는
상견성(上見性)의 이정표가 있습니다.

에덴동산에는
선악이분법이 없어
자유와 평화와 행복이 넘칩니다.

단 한 법도 없는 곳이
에덴동산이요,
봄나라입니다.

봄 87
정신일도금석가투(情神一到金石可透)

정신이란 무엇인가?

우리의 진아이자
존재의 바탕이자
근원으로
봄을 말한다.

봄은
공간적으로 무한하고
시간적으로 영원하여
나이를 먹지 않아
늙지도 죽지도 않아
우리가 생각으로 헤아릴 수 없는
전지전능하고 막강한 초능력 그 자체이다.

그러므로
우리가 봄의 힘을 증득한다는 것은
전지전능한 힘과 지혜에게
목숨을 바치는 헌신이고
믿음이고
생각을 비움이고
대아에게 귀의함이다.

이러한 힘을 쓰지 못하는 것은
우리가 스스로의 위대하고 막강한 힘을

지식이나 율법이나 생각으로
제한하고 한계지우기 때문이다.

그래서
이러한 사실을 알고 부렸던 선인들이
정신일도하사불성(精神一到何事不成)이니
정신일도금석가투(情神一到金石可透)라는 말을
우리들에게 남겨놓았던 것이다.

선악이분법의 패턴을 깨뜨리면
봄을 증득하는데
이 봄으로
흐트러지고 분열하는 마음을 잡아
지금 여기에 뿌리를 내리면
마음을 잡아 자유자재할 수 있어
초능력이 발현된다.

초능력은
인체나 건강에 대한
과학적인 지식이나 상식 모두를
비워버릴 수 있어
한 법에도 끄달리거나 매이지 않아야
발현이 가능하다.

건강이나 수명을 염두에 두거나
오래 살려는 마음까지 놓아버릴 수 있을 때
인간이 타고난 초능력은 발현된다.

우선
몸의 아픔에 대한

공포로부터 해방이 되어
아파봄을 통해
아픔은 감내하지 못할 정도로
대단한 것이 아니라는
확증이 서야
봄의 힘이 발현되어
우리들의 상식을 벗어나는
기적 같은 일이 다반사가 된다.

우리가 가장 무서워하는
암이라는 병도
우리 자신이 자기를 자해하는
분열된 정신에 기인하는 것이다.

만일 우리가 둘로 분열된 힘이 아닌
통일된 하나의 힘
봄의 힘을 쓰면
고정관념이나 인간의 집단의식을 돌파하여
자유자재한 신인간이 탄생한다.

이것이 과학기술을 넘어서
영성의 힘을 계발하고 사용하는
후천세계를 엶이요,
제2의 르네상스이고
개벽이다.

이렇게 되면
생각의 한계를 벗어나
초능력을 구사하는
진일보한 인간이

첨단의 과학기술을 활용하며 사는
정신문화와 물질문명이 조화로운
지상천국 용화세계
봄나라가 이 땅에 건설된다.

봄 88
봄은 전지전능(全知全能)하고 막강하다

봄은 전지전능하다.

어째서 그런가?

봄은
한 생각 고정관념에 잡혀
불가능하다, 어렵다, 안 된다는
어떠한 부정적인 결론이라도
즉각 알아차리는
능력이 있으므로
전지(全知)하다.

그러면
어째서 전능하다고 하는가?

그것은
어떠한 부정적인 생각, 선입관, 결론이라도
즉각 비워 무력화(無力化)시키는 힘과
나아가서
가능하다, 된다, 할 수 있다는
긍정적인 생각을 낼 수 있는 힘을
지니고 있기 때문에
전능(全能)하다고 하는 것이다.

부정적인 한 생각이 자리를 잡으면
은산철벽 같아
실지로
불가능하고 어렵고 안 된다.

그러나
긍정적인 한 생각으로 즉각 돌리면
불가능은 가능으로 바뀌어
불가능은 없다.

그렇다면
어째서 막강(莫强)하다고 하는가?

속박을 자유로 돌릴 수 있는 힘과
전쟁을 평화로 돌릴 수 있는 힘,
그리고 불행을 행복으로 돌릴 수 있는
힘을 지니고 있으므로
막강하다.

그러므로
한 생각을 다스릴 수 있는
하나의 힘
일심의 힘
봄의 힘 깨달아 얻어야 한다.

봄 89
봄공부는 정신 차리는 공부의 구체적 과정이다

정신을 차린다는 말은
천지만엽으로 흐트러지는
마음을 수습하여
하나로 모은다는 말이다.

정신을 차리는 것이
몸과 마음의 주인인
우리가 행해야할
유일무이한 도리다.

정신을 차려야
나갔던 정신이 들어와
몸과 마음의 주인이 된다.

정신이 들고 보면
정신이 들고 나는 것이 아니라
생각이 들고 난다는 것을 안다.

정신을 차리고 보면
정신은 오고 가는 것이
아니라는 것을 안다.

정신을 차려야
마음(생각)의 분열로 야기되는

근심, 걱정, 불안, 공포
판단, 평가, 심판
대립, 갈등, 투쟁을
미연에 방지하고
다스린다.

정신을 차리면
몸 따로 마음 따로 놀던
분열현상이 멈추고 치유된다.

정신을 차리고 있으면
몸이 따뜻해지고
마음도 맑고 밝아진다.

정신을 차리는 일이
마음(생각)을 잡는 일이고
마음을 잡아야
마음의 주인이다.

봄나라 봄공부는
정신을 차리는
구체적인 실천방법이다.

정신 차린다는 말은
간단하여
누구나 알고 실천할 수 있을 것 같으나
실지로는 그렇게 간단한 문제가 아니다.

그래서
몸 돌아봄, 마음 돌아봄을 거쳐

오직 돌아봄,
그냥 돌아봄,
온통 돌아봄이 되어야
본격 돌아봄이 가능하여
분열된 두 개의 자아가
하나의 자아로 합일된다.

이렇게
하나로 통일되어야
봄이 무엇이고
정신이 무엇이고
내가 무엇인지
진리가 무엇인지 알아
참나가 자리를 잡고 뿌리를 내려
남을 보듯 자기를 바라보는 안목이 선다.

이렇게 되어야
봄과 생각의 갈라치기가 된다.

이렇게 되어야
정신과 마음과 몸의 관계가
확연해진다.

이렇게 되어야
봄이 정신이라는 것을 안다.

그러나
이것을 알았다고
정신 차리는 일이 끝난 것이 아니다.

자기를 찾아 거듭났지만
영적인 갓난아기에 불과하므로
더욱 많은 경험을 통하여
자라나고 성숙하여야
명실상부한
몸과 마음의 주인으로서의 권능을 발휘한다.

하나가 완전히 성숙하고 무르익어야
정신이 지닌 무한하고 영원하며 막강한
신통력이 발휘되어
정신을 차리고 차려
정신이 하나에 이르러
이루어지지 않을 일이 없어
소원성취하고 만사형통한다.

이른바
자유와 평화와 행복이 넘친
봄나라를 건설한다.
그러나 봄나라의 봄님에게는
자유와 평화와 행복이라는 말이
더 이상 필요치 않다.

정신을 차리는 일이야말로
사람이라면 누구나 가야할
보편적인 길이요,
유일무이한 율법으로
사람을 완성시키는 일이고
사랑을 꽃피우는 일이요,
만물의 영장을 태동시키는
우주의 섭리이다.

봄 90

정신 차림은
즉각 에고를 깨달아
바로 닦음이다

정신을 차리고 살면
에고가
한 생각
고정관념을 통하여
고개를 들고
대도를 이탈하려는 순간
즉각 알아차려
놓아버리고
백지화시키고
무력화시켜
한 생각도 어른거리지 않게 되면
어느 사이에
감각이 살아나
나래를 활짝 펼친다.

그렇게 되면
종적(縱的)으로
생각의 범주에서 놓여나게 되어
시간적으로 영원하고
횡적(橫的)으로
감각의 범주로부터 벗어나게 되어
공간적으로 무한하여
정신이 종횡무진(縱橫無盡)한 것임을
대각하여
정신 차리고 살게 된다.

고정관념을
순간적으로 타파시킴이
정신 차림이고
에고를 비움이고
에고를 닦음이고
에고의 죽음이고
에고가 죽어야
감각이 열리면서
새로운 탄생
거듭남
부활이 이루어진다.

그러므로
정신을 차린다는 것은
즉각 에고를 깨달아
즉각 에고를 닦음이다.

그러므로
정신 차림은
죽기 살기로 삶이다.

죽기 살기로 살면
모든 난관과 장애가 사라져
겁나는 것이 없고
심판받을 일이 없고
싸울 일이 없어
안락하고
힘차고
평화롭다.

정신은
무한하고 영원한지라
무시무종(無始無終)으로
계속
항상
정신 차리고 살지 않으면
무한하고 영원한 힘이
생각에게
제한당하고 한계 지어져
감각이 위축되어
정신이 나가고
얼이 빠져
식물인간이 되거나
본능에 따라 사는
동물인간으로 전락하여
못된 사람이다.

달리 말하면
감각이 활짝 열린 가운데
일심으로
한 생각을 내고 사는 것이
죽기 살기로 사는 것이고
정신 차리고 삶이다.

이렇게
사는 것이
대도정법이다.

봄 91
나는 생사에 구애받지 않는 존재이다

나는
순간순간
생각을 죽여
감각을 살리고
또한
감각을 죽여
생각을 살리는 일을
끝없이
부지기수로 하여
무한하고 영원하다.

이렇게
순간순간
생각은 감각으로
감각은 생각으로
돌고 돌아
다함이 없다.

그러므로
생각이 죽어야
생각이 살고
감각이 죽어야
감각이 살아난다.

있다가
없어지고
없어졌다가
있어지는 일을
쉬지 않고
반복하여
몸을 거느리고
마음을 다스린다.

그러나
나에게는
그러한 흔적조차 없다.

심장이
피를 내보내고 들이고
폐장이
산소를 들이고
탄산가스를 내보내는 일을
쉬지 않고 반복하여
몸을 보전한다.

하루 중에도
밤이 되어
잠이 드는 것이
죽음이고
새벽이 오고
잠에서 깨어나는 것이
탄생이다.

일생도 마찬가지다.

몸이 늙어 죽어
한숨 자고
깨어나
탄생을 하면
그것이 내생이다.

이러한
생사의 이치로
순간에도
하루에도
일생에도
죽어 없어지지 않는
우리는 불사조다.

죽으면
그만인 것이 아니고
세세생생(世世生生)
영겁다생(永劫多生)이 있는 줄
알아야 한다.

그것이
생사로 운전되는
생사 없는 이치다.

그러므로
죽음을 겁내지 않는다.

나는
생사에 구애받지 않는
존재이기 때문이다.

봄 92
태평성대를 이룩하는 성군(聖君)의 길

전생에
자기가 벌어놓은
돈의 액수(공덕)에 따라
전생에
자기가 닦은
안목(의식수준)에 따라
집(몸)을 사는 것이 결정된다.

자기 돈에
맞추어 집을 살 수밖에 없다.
동네가
좋은 동네든 못한 동네든
부모가 우수하든 그렇지 않든
그것이 그럴 수밖에 없는
운명이요, 팔자이고
동시에
그것이 자기 발전에
최선의 수순이라는 것을 알아야 한다.

그러므로
부모가 나를 낳은 것이 아니고
내가 부모를 선택한 것이다.
그러므로
부모에게
왜 나를 낳았느냐고
따지고 드는 것은 잘못이다.

그것이 무엇이든
그것이 자기를 키우기 위한
처절하리만치 큰
자기 사랑의 길임을 알아야 한다.

삶은 사랑이다.

우리는
사랑에 눈을 뜨고
우주적인 사랑으로
도약하기 위해
사람의 몸을 받았다.

우리는
본래
무한하고 영원한
사랑이다.

그래서
사람이 되어
이 길을
이 드라마를
이 게임을
벌이고 있는 중이다.

깨닫고 보면
자기가 연출하고 주연한
한바탕 연극이고
자기가 임금으로
만백성을 덕으로 다스려

태평성대(太平聖代)를 이룩하는
성군(聖君)의 길을
가도록 된 구도(構圖)이다.

봄을 임금이라면
생각은 만백성이다.

봄의 힘으로
백전백승하여
생각을 잘 부리고 써서
임금의 어진 덕이
만방에 미치도록 하여야 한다.

봄 93
봄으로 몸의 아픔을 치유하자

생각은
몸을 돌보고 치유할 능력이 없다.
생각은 은연중
자기가 몸의 주인노릇 한답시고
개입하여 도움을 주기는커녕
긁어 부스럼을 만든다.

생각은
과거의 기억이나 지식
선입관, 고정관념에서
파생되어 나온 것이므로
낡은 것이고
그림자이므로
에너지가 없다.

오히려
번뇌망상을 만들어
봄의 빛을 덮으므로
몸에게 도움을 주기는커녕
몸의 고통을 가중시킨다.

몸의 주인은
봄이지
생각이 아니다.

그러므로
몸에 대하여
생각이 끼어들게 해서는 안 된다.

몸의 아픔은
봄으로 비추어야
몸이 낫는다.

아픔에 대한
생각의 발로는
결국
아픔에 대한 반연(絆緣)이고
아픔의 분열현상이므로
아픔이 가중된다.

생각은
아픔에 대한
부정적 조건반사이고
분열이므로
있는 그대로의
아픔에 대한 진실을
감각하기를
거부하고 저항하고
도피하여
거짓의 세계에 빠진다.

생각이 일으키는 괴로움은
실지 상황이 아니다.
괴로움은 꿈속의 일이다.
통증은 몸의 현상이지만
괴로움은 생각이 만들어낸 허상이다.

몸이 아플 때
막강한 에너지의 원천인
봄으로
몸의 아픔을 보아주고
어루만져주는 것이
몸에 대한 사랑의 행위이고
몸에 대한 치유다.

아픔이란
기혈의 순환이 일시적으로 막혀
냉해져서
오그라들고 딱딱해지는 과정에서 오는
통증과
몸이 이를 모면하려고
조건반사적으로 제자리로 돌리려고
부풀어 오르는데서 오는
통증이다.

그러므로
봄의 힘으로 아픔을 비추면
몸이 따뜻해져
냉병으로 인한
아픔이 씻은 듯 낫는다.

이 능력이
의통이고 초능력이다.

그러나
초능력을 얻고 보면
초능력은 일상사가 되어
더 이상 초능력이 아니다.

봄 94
일심이라야 꿈에 빠지지 않는다

꿈은 무엇을 먹고 사는가?
꿈은 선악이분법을 먹고 산다.

사람의 얼굴이 떠오르면
싫다든가 좋다든가 하는
분별이 생기는 찰라
잇따라
생각이 꼬리를 물면서
꿈은 시작된다.

번뇌망상(煩惱妄想)을
스스로 만들어내어
악몽을 꾸며
혼란스럽고
불쾌하고
우울하고
기분 나빠
죽는다.

꿈에 빨려들지 않으려면
어떻게 하여야 하는가?
오직 봄
그냥 봄
온통 봄으로
일심(一心)을 만들어야 한다.

한마디로
정신을 차려
분별에 떨어지지 않도록
조심(操心)하여야 한다.

둘로 분열되는 마음을
사전(事前)에 다잡아야 한다.
자기의 행위에 대하여
옳다 그르다 라는
분별이 일어나지 않도록
일심의 정성을
계속 기울여야 한다.

일심을 만들어
일심의 힘이 바로 서야
사량분별(思量分別)을
사전(事前)에 방지한다.

텅 비기만해서는 안 된다.
텅 빈 가운데
일심이 항상 지속되어야
진정 깨어있음이다.

일심이 부족하면
즉시 분열이 일어나면서
여지없이 악몽에 빠져
지옥고를 받는다.

일심이라야
꿈에 빠지지 않는다.

봄의 힘으로 산다는 말은
일심의 힘으로 산다는 말이다.

늘봄이 되어도
마음 놓지 말고
일심으로
뭉칠 수 있는 힘
더욱 길러야
꿈에 빠지지 않는다.

봄 95

무심이라야
꿈에서 깨어남이 없이 깨어난다

꿈에 빠지지 않으려면
일심이라야 하고
꿈에서 깨어나려면
무심이라야 한다.

일심이 순간적으로 무너져
일단 꿈을 꾸게 되면
자기가 꿈꾸는 줄 모른다.

그러므로
꿈에서 깨어나려면
자기가 꿈꾸고 있다는 사실을
알아야 한다.

그러나
꿈꾸고 있다는 사실을 알아도
꿈에서 깨어나려는
한 생각을 일으키는 이상
아직 꿈속이다.

꿈인 줄 아는 가운데
꿈꾸면 안 된다는
한 법에 매이지 않아
거부하고 저항하지 않으면

비출 것도 없고
닦을 것도 없는
대무심이고

홍로점설(紅爐點雪)과 같아
꿈은 진행되어도
마치 없는 것처럼
꿈을 화안하게
온통 봄이 되어
스크린에 영화가 돌아가도
커튼을 열어젖혀
햇빛이 비치는 것과 같아
꿈은 그 마력을 상실하여
더 이상 꿈에 끄달리지 않는다.

이른바
대무심으로
굳이 꿈에서 깨어남이 없이
꿈에서 깨어난다.

온통 봄
대무심에는
꿈과 깨어남이라는
이분법이
하나로
묘하게 조화통일 된다.

상견성이고
확철대오다.

봄 96
대원정각(大圓正覺)

무심(無心)을 사(死)라면
일심(一心)은 생(生)이다.

무심한 가운데 일심이면
생사(生死)가 일여(一如)다.
생이면서 사이고
사이면서 생이다.

그러므로
무애자재(無碍自在)하다.

깨어있음과 꿈이
각기 분리되지 않고
한자리에서
하나로 어우러져
무극(無極)이면서
음양(陰陽)이 조화로운
태극(太極)이다.

그래서
꿈에서 깨어나려고 하지 않고
깨어있음에 집착하지도 않는다.

선을 행하려고 하지도 않고
악을 경계하지도 않아

어떤 행위에도 심판받지 않고
죄도 없고
상도 없고 벌도 없다.

이러한 경지에서는
아무렇게나 하여도
창조가 이루어지고
덕이 되고
사랑이 된다.

선악을 초월하고
명암을 초월하고
시비장단을 초월하고
유무를 초월하여
살신성인(殺身成仁)한다.

그대는
이러한 경지를 아는가?

봄 97
태극기(太極旗)

태극기가
우리나라 국기인데
태극기가 무엇을 상징한 것인지
아직껏 배운 바도 없고
물어본 적도
들은 적도 없다.

태극기의 비밀을 아는
국민이
과연 몇 사람이나 될까?

오늘은
봄나라식으로
태극기에 대해서 말한다.

둥근 원은
시간적으로 영원하고
공간적으로 무한한
진리의 모습이다.

유교의 표현으로 말하면
무극자리다.
선적(禪的)으로 말하면
대무심자리다.

도교식으로 말하면
무시무종을 나타낸다.
기독교식으로 말하면
하나님이다.

다음으로
원 안에
음양 양의(兩儀)가
태극으로
둘이면서 하나로
조화된 모습을 나타내고 있다.

기독교로 말하면
천사와 악마가
불교로 말하면
부처와 중생이
둘이 아닌 이치다.

그러므로
태극은
대소유무
선악미추
시비장단이
분명히 다르면서
묘하게 하나로
조화통일 된 모습을
도형으로 드러내고 있다.

여기까지가
진리의 핵심인데

하늘과 땅이
대각선으로 마주보고
물과 불이
대각선으로 마주보는 그림을
밖으로
네 구석에
그려놓은 까닭은 무엇인가?

제로에서
하나가 나오고
하나에서
둘이 나오는 일을
끊임없이 하여
천지(乾坤)를 창조하고
물기운(坎) 불기운(離)으로
천지를 운행하는 이치를
남김없이 다 드러내고 있다.

진리를 상징한
국기를 쓰는 국가는
지구상에 우리나라뿐이다.

그러니
어찌 전 인류를 구할
대도정법이
우리나라에서 나오지 않겠는가?

봄 98
일심의 운용

일심의 힘 얻으면
한 법에도 매이지 않는
무심을 보존한다.

일심의 힘 얻어야
분열에 제동을 가하여
현재심과 과거심으로 분열되지 않아
선악이분법의 지배를 받지 않아
심판과 죄벌로부터 자유롭다.

일심의 힘 얻어야
현재심과 미래심으로 분열되지 않아
불안, 공포에 떨어지지 않고
따지고 싸우는 일이 없어
평화롭고 행복하다.

또한
공간적으로
분열을 일으키지 않아
우주만유를 몽땅 들여놓아
우주의 주인이다.

무한한 우주 가운데
일심으로 걷어잡아
만물을 살리기 위해

빛으로 어두움을 밝히고
에너지를 발산하여
한 생각을 내고 들이는
방출(−)과 회수(+)작용을 통해
천지를 운행하고
만물을 화육하여
영원히 꺼지지 않는
우주의 살림살이를 행한다.

그러므로
일심으로
선악의 분열을 방지하는 한편
일심의 운용을 통하여
선악의 분별을 분명히 밝히는 것이
일심의 두 가지 권능이다.

마치
자동차를 운전할 때
브레이크를 밟아 멈추고
엑셀을 밟아 가속하는
이치와 같다.

봄 99
증득(證得)

마음을 비워
무심이 되어
무심을 깨달으면
무심으로 살아야 하는데
선악이분법이나
관습법이나 고정관념 등의
집단의식에 사로잡혀
그 법을 따르는 한
아직 무심을 증득한 것이 아니다.

무심을 증득하려면
어떤 한 법에도 매여서는 안 된다.
어떤 결론이나 신조나 윤리도덕이나
한 법도
마음에 담아두어서는 안 된다.

그 모든
집단의식을
타파하여야 한다.

그래야
무심을 증득하여
법의 노예를 면하고
죄와 벌에 대한
심판을 받지 않고

불안, 공포에 떨지 않고
대립, 갈등, 투쟁하지 않는다.

무심을 증득하여야
법 없이 산다.
법 없이 살아야
평화와 행복을 누리는
대자유인이다.

일심을 증득하기 위해서는
몸의 아픔에 대하여
목숨을 걸고
실험과 탐험을 행하여
견디기 어려운 아픔은
실지로
존재하지 않는다는 사실을
자증하여야
아픔에 대한
거부와 저항을 통한
조건반사를 하지 않게 되어
아픔을 두려워하지 않는
의연함이 생기고
몸의 조복(調伏)을 받아
몸을 놓아버리는
명실상부한
몸의 주인이 된다.

그리하여
무한하고 영원한
봄의 힘을 믿어

한 생각으로
봄이 지닌 막강한 힘을
제한하거나 한계를 짓지 않아
봄이 지닌 잠재력인 초능력을
유감없이 발휘하고
의통의 능력도 구사한다.

또한
마음이 제일 두려워하는
죽음에 대하여
무심을 통하여
죽음이 무엇임을 알기에
죽음을 겁내지 않아
목숨을 걸고
헌신적으로 일에 임하여
성공을 거둔다.

그러므로
봄으로
몸과 마음을 부리고 씀에
순간순간
목숨을 걸고
죽음을 선택하면
크게 살아난다는 사실을
실험과 탐험을 통하여
하나하나 행하여
일심의 힘을
자증하고 증득하여
당당하고 자신만만해짐으로써
무한하고 영원한

봄의 힘을 얻어
초능력을 부리고 쓰는
초인이 된다.

그것은
마치
애벌레가
나방으로
탈바꿈하여
하늘을 나는 것과 같다.

봄 100
칼을 가는 까닭은 무엇인가?

칼을 연마하는 까닭은 무엇인가?
날이 무디어져서
날을 세워 날카롭게 하기 위함이다.
칼은 평소에 갈아야 칼을 제대로 쓴다.

칼은 무엇인가?
감각을 예리하게 하여야 하고
생각을 예리하게 하여야 한다.
감각과 생각이
칼의 양면인 셈이다.

그리고
아무리 칼이 잘 들어도
그 대상에 따라
칼을 쓰는 기술이 다르므로
미리 연습하고 준비하여야
용처에 따라 제대로 쓸 수 있다.

감각은
시각, 청각이 가장 으뜸가는 감각이다.

그러므로
둘러보고
자세히 살피는 연습을
일상생활 가운데 부지기수로 연마하여

눈썰미를 길러야하고
어떤 소리도 동요하지 않고
듣는 연습을 부지기수로 하여
못들을 말이 없고
못할 말이 없는 데까지
이르도록 연마하여야 한다.

또한
수시로 자문자답을 통하여
미진한 개념을 정리하고
성리를 연마하는 한편
도반들과 불꽃 튀는 탁마를 하여야 하고
자기의 감각 감상을 글로 쓰는 연습을
끊임없이 하여야
생각과 말과 글이 가지런해지면서
칼을 갈고 칼을 쓰는
실력이 향상된다.

그래야
물을 붓고 불을 지피어
사람을 살릴
일품요리를 만들어
한 상 차려줄 수 있고
방에 군불을 지피어
몸을 따뜻하고 아늑하게
만들어줄 수 있다.

봄 101
환골탈태(換骨奪胎)

몸 돌아봄을 통하여
몸으로부터 벗어나
몸동작이나
몸의 컨디션을
대중 잡게 되면
봄과 생각의
갈라치기가 가능하여
몸종의 신세를 면하고
바라봄이
주인으로 자리를 잡는다.

이렇게 되면
개가 사람을 따르듯
몸이 봄을 따르게 되어
몸에 들어갔던 힘이 빠져
몸이 가벼워지고
기혈의 순환이 왕성해져
몸이 따뜻해지고
몸이 찌릿찌릿하면서
고주파 전류가 흐른다.

이렇게 되면
눈으로 사물을 보거나
귀로 소리를 듣거나
혀로 음식을 맛보거나

감각 감상으로
가슴에 감동이 일어나면
바람이 불고 물결이 치는
현상이 생기면서
몸에서
풍운조화가 일어나
몸은 활기와 생기로 넘치고
나이에 구분 없는
피 끓는 청춘이 되어
이른바 회춘(回春)이다.

이렇게 되면
몸에 쌓이고 막혔던
카르마가 녹아
경혈이나 신경계통의 소통이
원활하게 되면서
몸의 기능이 비약적으로 향상되어
환골탈태가 이루어진다.

이렇게 되면
권태나 피로감도 없어지고
잠자는 시간에도 구애받지 않는
막강한 정력의 소유자가 되고
초능력의 소유자로 탈바꿈한다.

봄을 증득하여
생각에 이끌리지 않고
생각을 다스리는
봄의 막강한 힘으로
몸을 거느리고

다스리고 부리며
산다.

드디어
수신(修身)이 되어
제가(齊家)와
치국평천하(治國平天下)의
길을 간다.

봄 102
무엇이 잘못인가?

봄에는 잘잘못이 없다.
봄에는 선악이 없다.

그러나
잘못이 있다면
한마디로
무엇을 잘못하였다는 말인가?

생활 가운데
늘봄을 하지 못한 것이
잘못이다.
정신을 지속적으로 차리지 못하여
고요하고 뚜렷한 정신을
오롯하게 보존하지 못하고
흐트러뜨린 것이
잘못이다.

생각의 주인인
봄을
항상 보존하고
지속시키지 못하는 것이
잘못이다.

늘봄을
못하는 것이
잘못이다.

티끌모아 태산이다.
천금 만금도
한푼 두푼 모으고 모아
이루어진다.

흐트러지는 정신을
끊임없이 모으고 모으는
정성을 들이지 않으면
얼간이가 되고
정신 나간 사람이 된다.

한 순간이라도
정신을 차리지 못하고
놓쳐버리면
생각이 꼬리를 물고
분열을 거듭하여
봄빛을 가리거나 덮어
빛이 차단되고
에너지가 흐르지 못하여
어리석어지고
냉랭해지고
위축되어
아프고
의기소침(意氣銷沈)해지면
바이러스에 감염되어
병이 생기고
생각의 분열로
시비분별에 떨어져
지옥고를 겪는다.

사람이 태어난 것은
명실상부한
만물의 영장이 되기 위함이다.

만물의 영장이 되기 위해서는
몸 돌아봄
마음 돌아봄을 거쳐
본격 돌아봄으로
정신을 차려
바라봄
늘봄으로
무심한 가운데
일심을 만들어가며
살아야 한다.

그래야
깨끗하고
밝으며
따뜻하고
힘차
살맛이 난다.

이것이
사람이 되기 위해
반드시
걸어가지 않으면 안 되는
대도(大道)이며
숙명(宿命)이요,
필연(必然)이다.

봄 103
초능력을 발휘하는 누리의 주인 되자

봄이 초능력이고
정신 차림이 초능력이다.

봄은
시간 공간을 초월하여
늙지 않고 죽지 않으며
어디에 가고 싶거나
누군가 보고 싶어
공간적으로
이동할 필요가 없어
여여부동하다.

그러므로
밤이 온다고
반드시 자야하는 것도 아니고
낮이 온다고
반드시 일어나야 하는 것도 아니다.

그러한 법에 끄달리면
초능력은 발현되지 않는다.

봄은
천지를 창조하고 운행하는
무한하고 영원한
빛이요, 에너지로

우리가 정신을 차리고 차려
일심의 힘 증득하면
애벌레가 나방이 되는 것처럼
범부가 초인이 된다.

그러므로
날이 가고
달이 가고
해가 바뀌어도
일심에 변동이 없어야
초능력이 나온다.

천지만물을
다 소유하고 있으므로
재색명리에
애착탐착이 생기면
쪼그라들고
우매해져
초능력은 달아나고 만다.

몸을 놓고
마음을 비워
소아가 죽어야
무한하고 영원하며
전지전능한
대아의 힘
일심의 힘
초능력이
발동한다.

이 힘이
발동하고 작용하면
불가능한 일이 없다.

끊임없이 방출하고 회수하여
순환시키므로
끊임없이 샘솟는 힘이
무한하고 영원한
늘봄의 힘
정신 차림의 힘
일심의 힘
초능력이다.

그러므로
언제든지
죽을 수 있고
질 수 있고
손해 볼 각오가 되어야
어마어마한 힘으로 살아나는
초능력이 나온다.

초능력을 행사할 수 있어야
자연을 다스리고
동식물을 다스리고
귀신을 다스리고
병고를 다스리고
재앙을 다스리고
세상을 다스려
봄나라를 건설한다.

초능력을 행사하지 못하는
인간은
덜된 인간이요,
못된 인간이다.

늘봄의 생활을 통해
맑히고 밝히고 달구어
사랑의 능력
초능력을 갖춘
누리의 주인 되자.

봄 104
티끌모아 태산

티끌모아
태산(泰山)이요,
대해장강(大海長江)도
한 방울 한 방울
물이 모인 것이고
천금만금(千金萬金)도
한푼 두푼 모아
이루어지는
이치(理致)다.

드러나 보이는 것은
드러나지 않은 것의
그림자이고
보이지 않는 것은
보이는 것의
실상이다.

그러므로
보이지 않는 정신(空)이나
보이는 물질현상(色)은
서로 다른 것이 아니므로
다 같은 이치로 돌아간다.

그럼에도 불구하고
대부분

보이는 것을
모으는 것은
선뜻 이해가 가나
보이지 않는 정신을
흐트러지지 않게
끊임없이
모으고 모으면
무한의 공간에 꽉 들어차
호연지기(浩然之氣)가 되고
뭉치고 뭉쳐
일심의 막강한 힘 얻으면
되지 않을 일이 없으며
늙지 않고 죽지 않아
영원히 산다는 사실을
알지 못한다.

그래서
돈은 소중하게 여기고
아끼고 모을 줄 아나
돈의 실상이요,
진짜 돈인
도(정신)를 대단하게 여기고
아끼고 모을 줄 모른다.

그래서
발심이 안 되고
정진력이 약하고
늘봄이 되지 않고
일심이 되지 않고
정신을 차리지 못하고
마음을 잡지 못한다.

돈은
있다가도 없고
없다가도 있으며
뺏길 수도 있고
잃어버릴 수도 있고
불에 타 없어질 수도 있으나

정신을 모으고 모아
일심의 힘 얻고
신통력 얻으면
천만경계에 흔들리지 않는
정신의 자주력을 얻어
어느 누구도
뺏어갈 수 없고
잃어버릴 수도 없고
빌려줄 수도 없고
불에 타지도 않아
쓰고 써도
다함이 없는
여의보주(如意寶珠)다.

그러므로
사람이 행해야할
가장 중대한 일이
정신을 흐트러지지 않도록
끊임없이
모으고 모으며
뭉치고 뭉쳐
정신을 차리며 사는 일이다.

정신을 차리고 사는
구체적인 삶이
바로
돌아봄
바라봄
늘봄의 생활이요,
오직 봄
그냥 봄
온통 봄이다.

봄 105
더도 말고 덜도 말고 한가위만 같아라

"더도"를
플러스(+)이고
양(陽)이라면
"덜도"는
마이너스(−)이고
음(陰)이다.

그러므로
"말고"는
플러스(+)도 아니고
마이너스(−)도 아닌
제로(0)
한가위다.

안으로
맑고 밝은
텅 빈
바탕이 있어
밖으로
현상으로
하나가
두둥실 떠올라
한가위다.

피땀 흘려
지은 농사
추수하니
흐뭇하고
배부르니
중추가절(仲秋佳節)
한가위로다.

봄 106
진정한 초능력

초능력은
몸과 마음의 주인인
봄의 능력이다.

사람이면
누구나 타고난
봄의 힘
초능력을
발휘하지 못하는 것은
생각으로 만든
법에
매이고 구속되기 때문이다.

봄은
과학에서 말하는
자연법은 물론
인간이 만든
일체의 법으로부터
지배받거나 구속당하지 않는다.

본심 본태양
자성광명
봄빛은
더 이상 안이 없어
우주의 중앙에

자리 잡아
사방팔방 시방으로 넘쳐나고
뻗어나가고
차고나가는
막강한 힘으로
어떤 법도
어떤 장벽도
어떤 난관도
어떤 무기로도
이 빛을 가로막거나
가둘 수 없다.

그러므로
봄은
처음부터
자유다.

봄은
빛이므로
어두움을 밝혀주는
지혜이고
봄은
열기인지라
봄의 힘을 얻은 사람을
만나기만 하여도
몸과 마음이
밝아지고 따뜻해져
몸과 마음의 병이 치유된다.

진정한 초능력이
행사되는 곳에는
에너지를 주어도
주는 자가 없고
에너지를 받아도
받는 자가 없다.

그래서
주고받음이 없이
주고받는 것이
초능력이다.

중생제도는
초능력으로만 가능하다.

에너지를 주고받는다는
자의식이 있는 곳에
초능력은 소실된다.

초능력을 발동시키려면
끊임없이
정신을 차리면 된다.

초능력이 행사되는 곳에
자유와 평화와 행복이 있다.

그러므로
몸이 공중부양을 한다거나
날아다니려고 하거나
이산도수(移山渡水)한다거나

기적이사(奇跡異事)를 꿈꾸는 것은
진정한 신통력이 아니다.

진정한 신통력은
생각이나 법으로부터
자유로운
봄의 힘으로
몸과 마음의 병을 다스리고
어리석음과 미신을 타파하며
부정적인 생각을
즉시
긍정적으로 돌리고 사용하는
능력이다.

누구나
부정적인 생각을 내는 데는
초능력이 있다.
그러나 부정적인 생각을
긍정적인 생각으로
돌릴 수 있어야
진정
초능력이다.

초능력을 얻어야
아픔을 두려워 않고
죽음을 두려워하지 않아
언제나
죽을 수 있고
질 수 있고
손해 볼 수 있어

바로 살아나고
바로 이기고
바로 이익을 본다.

그러나
그러한 흔적 자취가 없으니
진정한 신통력이다.

봄 107
한 길 사람 속을 아는 기준

열 길 물속은 알아도
한 길 사람 속은 알기 어렵다고 한다.

그러나
한 길 사람 속 알기가 어려운 것이 아니다.
사람을 모양이나 음성으로 아는 것은
껍데기를 아는 것에 지나지 않는다.

사람을 알려면 의식수준으로 알아야 한다.

의식수준을 아는 방법은
얼마나 밝으냐
얼마나 뜨거우냐
얼마나 뭉치는 힘이 있느냐를
보면 된다.

어두운 사람보다 밝은 사람이
냉랭한 사람보다 뜨거운 사람이
흐트러진 사람보다 깨어있는 사람이
의식수준이 높은 사람이다.

달리 말하면
얼마나 감각이 열려 있느냐
얼마나 에너지가 있느냐
얼마나 생각을 돌리는 힘이 있느냐를
꿰뚫어 보는 것이
한 길 사람 속을 아는 기준이다.

봄 108
팽창(膨脹)과 수축(收縮)

과학에서 말하기를
우주는
팽창일로에 있다고 한다.

일리 있는 말이다.

우리의
본심 본태양
봄의 힘을 느껴보면
정태적(靜態的)인 면뿐만 아니라
동태적(動態的)인 면도
느껴진다.

고요하고 부동하다는 면에서 보면
정태적이고
사방팔방
시방(十方)으로
햇살처럼
뻗어나가고
차고나가고
퍼져나간다는 면에서 보면
동태적이다.

그렇게 쉬지 않고
북을 치고 종을 쳐

울려 퍼지니
어찌 우주가 팽창(膨脹)하지 않는다고 하겠는가?

그러나
정태적인 면에서 보면
고요하고 움직이지 않고
희미하고
힘이 다하여
오그라들어
수축되면서
흔적도 없으니
어찌 우주가 수축(收縮)하지 않는다고 하겠는가?

우주는
팽창과 수축이라고 하는
두 가지 기능을 갖고
팽창과 수축을 반복하면서
공간적으로 무한하고
시간적으로 영원한
살림살이를 한다.

무한대로 뻗어나가
공간을 개척하려는
원심력과
이에 맞서
안으로 잡아당겨
원점으로 돌려놓으려는
구심력의
조화와 균형으로

우주는
팽창과 수축을 반복하며
존재한다.

이 모든 것을
보고 알고 행하는 자가
봄이요,
우주요,
나다.

알고 보니
팽창과 수축
방출과 회수는
동과 정처럼
둘이 아닌
하나의 작용일 뿐이다.

그러므로
정중동(靜中動)
동중정(動中靜)이 맞고
정중정(靜中靜)
동중동(動中動)은
그르다.

고요하기만 하면
못쓴다.

고요한 가운데
둘러보고
귀 기울이고

느껴보고
발견하고
새로워지고
움직이는 맛이
어우러져야
생기가 돌고
활기가 돌아
살맛이 나고
살판이 난다.

봄 109
증득(證得)에 이르는 3단계

봄공부의
증득의 과정에는
세 가지가 있다.

첫째는 깨달음이고
둘째는 성리연마이고
셋째는 증득이다.

깨달음은
대각을 말하며
대각은
홀연히
한 생각이 일어나기 이전 자리를
감각해봄이다.

달리 말하면
한 생각도 일어나지 않는 가운데
감각이 활짝 열리는
정신 차려봄이다.

이렇게
깨닫고 보면
깨달음은 특별한 것이 아니다.

늘상 같이 있어
떨어져 본 적이 없지만
스스로 거부하고 저항하고
무시하여
깨닫지 못하였다.

단박 깨닫고 보면
세수할 때
코 만지기보다 쉽다는 말이
옳다는 것을 실감한다.

그리고
이 세상에
깨달음보다 더 쉬운 것이
없다고 생각한다.

성리연마란
정신 차려봄
깨달음
그 자체에 대하여
하나하나
그 모양과 색깔과
크기와 기능을
이모저모
탐사(探査)하고
감상(感想)하면서
실지로 보고 안 것을
언어문자로
표현해봄이다.

증득이란
이렇게 깨달아
성리에 달통하여도
몸과 마음을
실지로 다스리는
봄의 힘을
얻어야 한다.

증득하지 못하면
아무것도 아니다.

그래서
경계 가운데
마음을 밝히고
몸을 달구는 연습을
부지기수로 하면서
한 단계 한 단계
힘과 기술을 얻어
백전백승하여
일심의 힘을
증득하여야

서로 맞서는
두 개의 에너지를
서로 화합하는
하나의 에너지로
한 점 찍어 돌려
하나의 원을
완성하는
운행의 능력을

언어
드디어
회춘(回春)이다.

봄 여름 가을 겨울 지나
다시
봄이 오니
나뭇가지에 물이 오르고
꽃이 피고 잎이 피고
새가 우니
회춘이다.

늘봄이다.

봄 110

태극기에 대한 감각 감상

태극기는
순백의 바탕에
진리를
몰록
깨달아봄
감각해봄을
대뜸
하나의 원(圓)으로
형상화한 것이고

일원상(一圓相)의
구조와
힘과
어울려 돌아감을
바라봄으로 포착하여
상극(相剋)의 음양이
상생(相生)의 음양으로
조화통일 되는

성리를
원안에
태극으로
그려 넣음으로써

깨달음에서 온
원(圓)과
성리연마에서 온
태극을
센터에
그렸다.

태극의 윗부분인
붉은색은
치솟아 오르는
양을 나타내고
아랫부분인
푸른색은
가라앉는
음을 나타낸 것이다.

그리고
외곽 네 귀퉁이에
건곤감리(乾坤坎離)
천지수화(天地水火)를
대각선으로 그려
제로이면서
하나인
원의 자리에서
음양이 생하고

천지만물이 순차적으로
벌어지는 진리의 모습을
도면으로 나타내고 있다.

천(天)은
정양(正陽)으로
양이 세 개이고
지(地)는
정음(正陰)으로
음이 세 개이다.
수(水)는
양쪽의 음이 양을 머금은 것이고
화(火)는
양쪽의 양이 음을 머금은 것으로
도형으로 나타내고 있다.

수화(水火)의 기운으로
빛과 열기를
끊임없이
방출하고 회수하여
돌리고 돌려
천지를 창조하고 운행하는
진리의 모습을
도면으로 완성한 것이
태극기이다.

그러므로
우리는
태극기를 통하여
몰록 깨달아

이치를 드러내고
몸을 달구고
마음을 밝혀
일심을 부리고 쓰는
봄의 힘을
증득하여야 한다.

이 모든 것을
깨닫고 알고 행하는 것은
오로지
봄의 힘이기 때문이다.

봄 111
한 바퀴 돌아 제자리에 오면

한 바퀴 돌아오는 동안
돌아봄 바라봄 늘봄을 하는 동안
오직 봄
그냥 봄
온통 봄이 체질화 된다.

무심한 가운데
일심의 힘이 뻗친다.

여기서는
닦는 것도 비추는 것도 없다.

어떤 의도성이나 유위성이 없다.
그냥 그대로
마치 공부하기 전처럼
그렇게 산다.

그렇게 나오는 대로 산다.
그렇게 함부로 하는 것 같은데도
법도에 맞고 절도에 맞으니 묘하다.

자기를 괴롭히는 줄도 모르고
괴롭히며 살다가
뚝 끊어져
어떤 경계 가운데서도

다시는 자기를 괴롭히지 않는다.

그것이 바로
자기를 앎으로 인한
자기 사랑이다.
자기를 알므로
모두를 안다.
자기를 사랑함이
모두를 사랑함이다.

무생물 생물
구분할 것 없이
보고 듣고 냄새 맡고
맛보고 느끼는
모든 것들이
내 안에 존재한다.

내 안에서 일어나는
한 생각조차
제도할 중생이 아니다.

그러므로
제도할 중생이 없다.

구름을 제도하겠는가?
바위를 제도하겠는가?
나무를 제도하겠는가?
짐승을 제도하겠는가?
자식을 제도하겠는가?

그것은
밖에 존재하는 것이 아니고
내 안에 존재한다.

내 안의 중생을
제도하는 것이
천하를 제도하는 것이다.

그러나
내 안의 중생조차
제도할 중생이 없다.

한 바퀴 돌아
제자리에 오면
그렇게 된다.

이렇게 된 가운데
바람이 불면 물결이 치듯
인연 따라
그렇게 산다.

나의 뜻이 아니고
하늘의 뜻에 따라 산다.

봄 112
그대도 지금 그러하십니까?

항상
나의 몸과 마음을
지켜보는 눈
바라봄의 눈
늘봄의 눈
제3의 눈
뜨셨지요?

그렇다면
항상 광명으로
빛나겠지요?

그렇다면
항상 열정과 정감과
에너지로 넘쳐나겠지요?

그렇다면
온랭(溫冷)
명암(明暗)
수화(水火)의 기운이
태극(太極)을 이루면서
꽉 차고
알맞아
하나로
원(圓)으로

조화(調和)롭게
흘러넘쳐
무궁하게 돌아도
돈 바가 없습니다.

그대도
지금 그러하십니까?

봄 113
마음 돌아봄 공부의 핵심

속이 상하였다가
속이 풀리기까지
그렇게
제자리에 돌아오는데
처음엔
다소 시간이 걸립니다.

그러나
그러한 전 과정을
지속적으로 끝까지
돌아봄 하였다는 것이
중요합니다.

그렇게
한번 성공하고 나면
그 다음부터는
다소 쉬워지고
회복되는 데 걸리는 시간도
차츰 줄어듭니다.

그렇게
부지기수로 하면
기분 나쁘면서도
기분 나쁘지 않은 것이
동시에

존재하게 됨을
깨달을 날이 옵니다.

그것이
태극과 같이
음양이
각기 존재하면서도
하나의 원으로
조화통일 됩니다.

그것이
성리입니다.

그렇게
중단 없는 전진
하시기 바랍니다.

굴하지 않고
좌절하지 않고
계속 나아가면
깨달음도 멀지 않습니다.

아파봄을
두려워하지 않는
기상을 길러가야 합니다.

아이들 키우고
살림하면서
해나가는 공부가
본공부입니다.

봄 114
지금 여기 사는 사람은

지금 여기
사는 사람은
지나간 것 가지고
기억을 되살려
따지고 싸우지 않는다.

싸우다가도
그 대상과 사안이
계속 지나가는지라
더 이상
보이지도
기억나지도 않아
싸움이 그친다.

그러므로
일분일초 전이라도
과거이므로
의식의 스크린에
머물지 못하고
보이지 않는다.

의식의 스크린에
보이는 것은
지금 여기에
보이는 것들인지라

방금 전이라도
과거이기는 마찬가지다.

이렇게
지금 여기가
뿌리내리면
따지고 분석하고
싸우다가도
저절로 그친다.

불안, 공포가 와도
그때뿐
어느 사이에
뚝 끊어져버린다.

실지로 존재하는 것은
희로애락이
없는 것이 아니라
순간순간
나타났다가
사라져간다는 사실이다.

그러므로
실지로 존재하는 것은
그런 사실을 모조리 아는
봄뿐이다.

점을 찍어
크게 한 바퀴 원을 그려
제자리에 돌아오면

봄의 힘으로 살게 되어
희로애락 가운데
있으면서도
조금도 구애되거나
다치지 않는다.

봄 115
작은 것에서 오는 기쁨

사람들은
일상생활 가운데
아주 작은 데서 오는
삶의 기쁨을 누리지 못한다.

그래서
일상의 나날은
권태로워지고
초라해지고 심심해진다.

봄의 힘으로 살지 못하고
생각의 힘으로 살기 때문이다.

한마디로
감각이 우둔하기 때문이다.

생각이
감각의 하늘을 온통 덮어
감각이 무디어져
섬세하지 못하고
예민하지 못하여
눈앞에 보이고 들리고
느낌으로 다가오는
아주 작고 은밀한
삶의 기쁨을 모르고 산다.

언제 어디에나 널려 있는
지천에 깔린 기쁨을
주워 담는 것은 감각이다.

감각이 계발되지 못하여
생각으로
즐거움이라고 하는
행복이라고 하는
대어를 낚으려고 한다.

작은 기쁨을 모르고
어찌 큰 기쁨을 알겠는가?
작다 크다는
생각으로 헤아림이다.

기쁨은
오직 감각으로 느껴봄이다.

사람들은
일상의 작은 행복을 누리지 못하여
권태롭고 기운이 없고
몸이 식어지고 아프다.

그래서
한꺼번에 일확천금을 얻으려고 노린다.
술이나 마약이나
게임이나 환락에 매어달리지만
언제 어디서나 즉각 맛보는
존재의 기쁨을 모르는 한
잠시 잠깐의 쾌락은

다시금
사라지고
허전해지고
더욱 삭막해진다.

이 작고 은밀한
삶의 기쁨은
지금 여기
언제 어디서나
누구나
시간을 기다리지 않고
돈도 필요하지 않고
당장 맛보고 느낄 수 있다.

그러나
감각이 우둔하면
그림의 떡이다.

감각이 섬세하고 예리하여야
아주 작으면서도
아주 큰
삶의 기쁨을
존재의 기쁨을
누린다.

큰일을 하는 사람은
작은 일에 능한 사람이다.
작은 일을 할 줄 모르고
도외시하고 등한히 하는 사람은
절대로 큰일을 하지 못한다.

일상적인 작은 것을
무시하지 않고
도외시하지 않고
그것과 마주하고
그것을 바라보고
그것과 하나가 되는 지경에
이를 줄 알아야
참으로
크고 작은 것이
있고 없음이
무엇임을 안다.

봄 116
심심함에 대처하는 두 가지 잘못된 길

어른 아이 할 것 없이
심심함에 대하여
대개 두 가지 방법을 택한다.

그 하나는
심심함의 고통을 피하고
공허(空虛)하고 허전함을 메우기 위해
놀이나 일에 빠져드는
세속적(世俗的) 방법이고

또 하나는
아예 심심함조차 못 느낄 정도로
감각을 무디게 만드는 쪽으로 가는
수행(修行)의 방법이다.

그러나
그 두 가지 방법은
모두
심심함에 대처하는
올바른 길이 아니다.

게임이나 일에 빠져있는 동안은
심심함을 모른다.
그러나
빠져있는 게임이나 일을 그치게 되면

바로 심심해지므로
빠져나오지 못하고 계속 머문다.
그러다 보면
비좁은 공간에 갇히어
어둡고 답답하고
춥고 배고파
허기가 져
드러눕는다.

이것이 세속의 길이다.

그리고
두 번째 방식은
아예 감각을 기피하고 억누르고
나아가서
무디게 만들고
못쓰게 만들어
아예 심심함이나 공허감조차
느끼지 못하도록
극도로 감각이 우둔한
무기공(無記空)에 빠지게 하여
병신을 만들고
목석과 같은
식물인간으로 퇴행시킨다.

이것이 잘못된 수행의 길이다.

심심함을 다스리는
올바른 방법은
심심함을 싫어하거나

두려워하지 않고
맞아들이고 마주하여
심심함과 더불어
짝을 이루고
벗을 삼아
둘이 하나로 어우러지는
늘봄의 생활이다.

만물과 더불어 존재할 때
심심함은 사라지고
만물과 담을 쌓고
자기 홀로 고립될 때
심심해진다.

일상생활 가운데
언제 어디서나
감각을 열어
만물을 포용하고
만물과 소통을 하여야
심심해지지 않는다.

이렇게 되어야
홀로 있으면서도
여럿이 더불어 있으며
더불어 있으면서도
홀로 존재한다.

이렇게 되어야
심심하면서도
심심하지 않아

음양(陰陽)이 묘하게
짝을 이루고
균형(均衡)을 이루고
조화(調和)를 이루어
광대무량(廣大無量)하고
무궁무진(無窮無盡)하다.

봄 117
남을 보듯 자기를 보는 안목

돌아봄, 바라봄 공부를 하는 목적은 무엇인가?
있는 그대로의 진실의 나를 알기 위함이다.

우리는 자기에 대한 이미지를 갖고 있다.
그것도 자기의 추한 모습은 다 버리고
가장 좋은 모습만 기억하고
그것을 자기로 간주하고 자기라고 여긴다.

그것이 가짜요, 허위다.
자기의 모습도 그렇고
자기의 생각도 그렇다.

천사에서 악마에 이르기까지
없는 것이 없는
자기의 모습이나 생각 중
어느 것이 진정 자기란 말인가?

그 모든 것이면서
그 어느 것도 아니다.

그렇다면
그대의 진면목은 무엇이란 말인가?

여기에서
자기라고 여기고 사는

자기의 이미지를 놓게 된다.

여기에서
자기가 믿고 있는
자기에 대한 이미지가 해체된다.

여기에서
자기를 규정하는
자기에 대한 이미지가 떨어져나간다.

그리하여
마음을 비워봄 하게 된다.

여기에서
봄을 깨달아
생각과 봄을 확실히 가름하게 된다.

이렇게 되어야
남을 보듯 자기를 볼 수 있는 안목이 선다.

거짓과 허위의 탈을 벗고
진실의 눈을 뜨는 것이
환골탈태요, 거듭남이다.

이렇게 되어야
건방지거나 교만함이 사라져
남을 흉보고 손가락질하는 일이 없다.

이렇게 되어야
진실하고 정직하여

겸손을 가장하지 않고
겸허함이 저절로 풍겨 나온다.

이렇게 되어야
진실로 자기를 아는 사람이다.

이렇게 되어야
진실로 자기를 제도하는 사람이다.

이렇게 되어야
남을 깨우쳐줄 수 있는 사람이다.

봄 118
부스럼의 뿌리(根)를 뽑았나요?

몸에 부스럼이 나면
고름이 생긴다.
대강 고름을 짜내고 닦아내면
한동안 나은 것처럼 잠잠하지만
다시금 들고 일어나
아프고 붓고 덧난다.

그렇게 나은 듯하다가도
자꾸만 재발 되어
다시 덧나고
다시 고름이 생기는 까닭은 무엇인가?

뿌리(根)를
완전히 뽑아내지 못하였기 때문이다.

뿌리는
깊은 곳에 자리 잡고 있어
제거하기가 쉽지 않고
뽑아내는데 엄청 아프다.

그러므로
재발을 방지하려면
죽을 각오로
아파봄으로 뽑아야 한다.

그렇다면
마음의 부스럼인
번뇌 망상,
거짓의 뿌리는 무엇일까?

에고(ego)이다.
아상(我相)이다.
자의식(自意識)이다.

먼저
미화되고 부풀려진
자기 이미지를
봄의 힘으로
녹여내든지
부수어버리든지
뽑아내어야 한다.

그렇게
설정된 내용을
풀어야 한다.

그렇게
부스럼의 근(根)을
철저히 제거하지 않으면
도사리고 있다가
싹(떡잎)을 틔워
땅위로 고개를 내민다.

하나는
우월감이라고 하는 떡잎으로

또 하나는
열등감이라고 하는 떡잎으로
부스럼이 생기고 번진다.

그대는
부스럼의 뿌리인
아상(我相)을 완전히 뽑아내셨나요?

지금 이 순간도
아상(我相)이라고 하는
근(根)이
혹시 착상하거나 형성되는지
감시감독을 철저히 하시나요?

봄 119
봄공부의 수행 6단계

봄나라 홈페이지에 들어와서 글을 읽거나
봄나라 책을 접하여 읽고
스스로 봄나라 사이트에 회원가입하거나
센터에 전화하거나 찾아오신 분들이
첫 번째 **따뜻한봄님**이다.

그리고
봄나라 홈페이지에서
적극적이고 능동적으로
접속하고 참여하시거나
수련회에 참석하시는 분들이
두 번째 봄님으로 **뜨거운봄님**이다.

그리하여
책을 반복해서 읽는 재미를 느끼면서
봄이 무엇임을 알아
봄과 생각을 구별할 수 있는 수준에 도달하고
봄나라 건설에 물심양면으로 떨쳐나서는 한편
봄과 생각이 서로 싸우며 자리다툼을 하면서
몸과 마음 돌아봄 수행이
생활 가운데 정착하는 단계가
세 번째 단계로 **열혈봄님**이고

본격 돌아봄을 통해
보는 자와 보이는 자의 합일이 되어야
봄님으로 탄생한 네 번째 단계로 **합일봄님**이다.

여기에서
봄이 주인이 되어
감각과 생각을 거느리고 다스리고 부리기 시작하여
일심으로
감각과 생각이 서로 상생하면서 성장하는 단계이다.

그리고
아상을 완전히 뿌리 뽑고
같은 사안에 대하여 능소능대하고 자유자재하여
긍정으로 볼 수도 있고 부정으로 볼 수도 있는
봄의 힘을 얻으면
다섯 번째 단계로 **가이드봄님**이다.

마지막으로
봄을 완전히 증득하여
말을 하지 않아도 얼굴에 꽃이 피어
그 얼굴을 대하거나 위의를 보기만 하여도
저절로 감화를 줄 수 있고
입을 열어 말을 하기만 하여도
그 음성을 듣고도
개과천선(改過遷善)시키는 힘을 발휘하는
여섯 번째 단계가 **최고봄님**이다.

봄 120
본격 돌아봄 공부

텅 비고 고요한 가운데
일심을 끊임없이 흐트러지지 않게
모으고 모으는 공부
안으로 파고들어가는 공부
끊어지지 않도록 하는 것이
정진입니다.

텅 비기도 어렵지만
거기에 안주하면
힘이 없어 흐트러지고 맙니다.

그러므로
그 텅 빈 자리가 나타나면
그때부터 찬스가 왔다고 생각하고
부지런히 일심을 모으는
돌아봄 공부하셔야 합니다.

그것이
본격 돌아봄이요,
용맹정진입니다.

그리하여
안과 밖,
의식과 무의식의 경계 허물어뜨려
진정한 합일 봄님으로
탄생하여야 합니다.

그것이 진정한 성공입니다.
그것이 진정한 출세입니다.
그것이 진정한 부자 장자입니다.

사람의 완성이요,
삶의 완성이요,
사랑의 완성입니다.

그 과정을 통하여
집중력과 추진력이 생기고
이해력 포용력이 생기고
리더십이 생기고
정감이 살아나고
호연지기가 생깁니다.

그 과정을 통하여
냉정과 열정,
긍정과 부정에
자유자재한
만능만덕(萬能萬德)이 나옵니다.

자기가 자기를 탄생시키는 쾌거를
반드시 금생에
봄나라에서 이룩하시기 바랍니다.

하면 됩니다.

봄 121
자기가 자기를 탄생시킵시다

금생의 인연 청산하여야
거듭날 수 있습니다.

부모, 형제, 처자, 가족
혈연의 끈 놓아야 합니다.

그 간의 친구도
몽땅 놓아야 합니다.

그리고
자기의 몸마저 놓아야 합니다.

놓는다는 말은
그들과 단절을 하라는 말이 아닙니다.

거듭난다는 것은
심리적 정신적으로 거듭남이지
육체적으로 거듭난다는 말이 아닙니다.

그러므로
적어도 거듭나려면
지금까지 인연 지어진
모든 인연 줄을
심리적으로
몽땅 놓아야 된다는 뜻이며

의식의 칠판에 자기가 쓴 낙서를
자기가 지우개로 말끔히 지워야
정신적으로 새로운 인간으로
탄생할 수 있다는 뜻입니다.

그렇게 하여야
우선 마음이 텅 비워집니다.
얽히고설킨 마음의 실타래 풀고
먹구름 걷어내어야
맑고 무한한 하늘 드러납니다.

거기에서
어떤 기억도 어떤 비전도
없고
한 생각도 없으므로
허전하다, 또는 심심하다는
한 생각을 일으켜
그 생각의 노예가 되어
심심함을 달래기 위해
놀이나 일에 빠져듭니다.

그렇게 되면
텅 비고 고요한
하늘을 지키지 못하게 됩니다.

하늘 사람으로
탄생할 기회를 놓치고
관념이나 사물에 빠져
더듬고 기어 다니는 속물, 중생,
속한이로 돌아갑니다.

탄생의 기회를 잡았으나
생각(뱀)의 유혹에 끌려
정신을 하나로
온전하게 보존하지 못하여
다시금
캄캄한 굴(몸) 속에 갇혔습니다.

그러므로
하늘 사람으로 태어나려면
천지만엽으로 흐트러지지 않도록
본격 돌아봄으로
정신을 모아
흐트러지지 않는 공부를
하여야 합니다.

이렇게 하여
분열을 종식시키고
일심을 이루어
정신이 하나에 이르게 되어야
자기가 자기를
탄생시킨 것입니다.

이것이
진정한 합일봄님입니다.

봄 122
아파보지 않고 어떻게 아프지 않을 수 있겠는가?

어리석은 사람은
아프지 않는 것만 좋아해
아픔을 싫어한다.

아파보지 않고
어떻게
아프지 않을 수 있겠는가?

그러므로
봄님은
아픔을 싫어하지 않고
아픔을 맞아들여
아픔을 맛보기에
아프지 않는다.

봄 123
안 되는 것을 겪지 않고 어찌 되는 것에 도달하겠는가?

어리석은 사람은
되는 것만 좋아해
안 되는 것을 싫어한다.

안 되는 것을 겪지 않고
어찌 되는 것에 도달하겠는가?

그러므로
봄님은
안 되는 것을 싫어하지 않고
안 되는 것을
늘 당연한 출발점으로 삼으므로
안 되는 것이 없다.

봄 124
모르지 않고
어떻게 알 수 있겠는가?

어리석은 사람은
모르는 것을 싫어하고
아는 것만을 좋아한다.

모르는 것이 없다면
안다고 할 것이 없다.

모르는 것이 있기에
아는 것이
거기에서 나온다.

그러므로
알기 위해서는
일단 모르는 것으로 돌아가
모르는 데서
출발하여야 한다.

모르지 않고
어떻게 알 수 있겠는가?

다시 말하면
마음을 텅 비워
일자무식
몰라봄으로
돌아가야 한다.

그렇게 되어야
냉철한 이성과
따뜻한 감성이
상호작용하여
감각 감상이 이루어지면서
하나하나
핵심이 파악되고
모를 것이 없어
알아봄이 된다.

그러므로
알기 위해서는
모르기부터 하여야 한다.

몰라봄이 먼저고
알아봄이 나중이다.

그리하여
몰라봄과 알아봄이
무궁무진하게 돌아가면서
향상일로의 삶을 산다.

봄 125
미움과 사랑

미워하는 한 생각
일어나지 않는다면
어찌 사랑하는 마음 낼 수 있겠는가?

그러므로
미움과 사랑은
관념적으로 보면
정반대이지만
실지로는
서로 당겨주고 밀어주는
절친한 사이다.

그러므로
사랑은
미움의 도움이 없이는
꽃이 피어날 수 없고
미움 역시
사랑이 전제되지 않고는
일어나지 않는다.

사랑과 미움
양변을 초월하여
하나가 되면 어떨까?

그것은
사랑하는 것도 아니고
미워하는 것도 아니다.

그것이
봄이요,
전체성이다.

봄에서 나오는
미움은
바로 사랑으로 돌아가는
미움이므로
미움이 미움이 아니다.

봄에서 나오는
미움은
그래서
사랑이다.

봄에서는
사랑과 미움이
각각이면서
하나다.

봄 126
죽어봄 살아봄이 죽음과 삶이다

죽어보아야
삶이 무엇인지 알게 되고
살아보아야
죽음이 무엇인지 알게 된다.

어리석은 사람은
죽음을 싫어하고
삶만 좋아한다.

죽음을 싫어하므로
생전 죽어보지 못하고.
생전 죽어보지 못하므로
죽음도 모르고
죽음을 모르니
삶도 모른다.

봄님은
죽음이란 것이 없고
삶이란 것도 없다.

죽음이 없는 대신
<죽어봄>만 있으며
삶이 없는 대신
<살아봄>만 있다.

죽어봄
살아봄뿐이다.

봄 127
부정과 긍정을 자유자재로 잡아 돌리는 봄의 힘

무엇을 일컬어
봄의 힘이라고 하는가?

봄이란
텅 빈 가운데
길러진
일심의 힘으로
정신이 하나에 이르러야
상반된 두마음
어디에도 치우치지 않고
균형을 잡아 돌릴 수 있다.

일심이라고 하는
지도리(축)가 바로 서야
중심을 잡아
있다, 없다(有無)
옳다, 그르다(是非)
좋다, 나쁘다(善惡)
안다, 모른다(有無識)
된다, 안 된다(成功과 失敗)
어느 것에도 치우치지 않는
여의주를 거머쥔 것이다.

이렇게 되어야
바르게 돌아간다.

그리하여
부정과 긍정이라는
양극단의 마음을 잡아 돌려
좌에서 우로,
우에서 좌로
어느 방향으로도
자유자재로 운전할 수 있다.

부정적인 마음을
긍정적인 마음으로 돌리려면
부정도 긍정도 아닌
일심으로
균형을 잡은 다음
따뜻한 기운(감성)을 잡아 써서
이해하고 사랑하는
긍정적인 마음으로 돌리고

긍정적인 마음에 사로잡혀
마음이 해이해지거나 풀어지면
긍정적인 마음을
부정적인 마음으로
즉시 돌려야하는데
이때에는
차가운 기운(이성)을 잡아 써서
자기의 헛점과 허물을
남을 대하듯
비판적인 시각으로
예리하게 바라보아야 한다.

3권을 마치며
30여년 만에 백운대를 오르다

9월 21일 금요모임에 못나갔다.

그동안 제3기 바라봄 수련회 기간 동안
약 50일(7주)간에 걸쳐
매일 새 글 쓰고 단독면담하고
센터에 나가고
잠자는 시간 하루 평균 3~4시간 밖에
눈을 붙이지 않는 강행군이 진행되었다.

<나는 봄의 힘으로 산다>
제3권을 마무리하라는
대아의 명을 받아
목숨을 걸고
육체의 한계를 시험하고
탐험한 기간이었다.

내 육체는 내 뜻을 받들어
가히 막강한 능력을 유감없이 발휘하여 주었다.
그런데 부려먹을 때 반드시 쉬도록 해주겠다는
약속을 내가 해놓고
내가 지키지 않고 언제까지나 뒤로 미루는 것이었다.

드디어 지난 목요일 사보타주가 들어와
몸이 움직이지 않는 기미가 나타나
금요모임에 나가려는 직전 못나간다고 통보하고
집에서 하루 종일 쉬어주었더니
오늘 토요일 아침 한결 좋아졌다.

그래서 아침을 간단하게 들고
북한산성 쪽으로 산책이나 할까 하고
가벼운 마음으로 나섰다가
원효봉 가는 길과 백운대 가는 갈림길에서
뜻하지 않게 발길이 백운대를 향하였다.

돌계단을 오르면서
공사를 해준 낯모르는 분들의
피땀 어린 노고를 가슴으로 느끼면서
쉬엄쉬엄 가다가
폭포소리와 찌르레기 소리가
어우러져 내는 합창 소리도 감상하고
사람뿐만 아니라
모래 한 알, 잎새 하나, 나무 하나가
우주의 성리 그대로 압축하고
있음이 사무쳐지는 오늘이다.

위문(衛門)을 지나면서
길은 더욱 가팔라졌고
심장은 더욱 부지런히 뛰기 시작하였고
바위도 나름대로의 모양과 색깔과 성질이 있어
같은 것이 하나도 없어 보였다.

드디어 백운대(白雲臺)가 보이고
옆으로 인수봉(仁壽峰)과 만경대(萬景臺)가
삼각(三角)을 이루고 있었다.

정상에 올랐다.
정상 바로 아래에 설치된 온도계를 보니
기온이 15도 정도에다가
바람마저 세차게 불어
내 백발(白髮)이
백운대(白雲臺) 정상에서
산발(散髮)하며 휘날렸다.

햇수로는 30여년만의 일이었지만
처음으로 오른 백운대였다.
조산(祖山)인 도봉산(道峰山)도 보이고
한강이 흘러들어오는 물줄기
그리고 북쪽으로 올라 임진강을 만나
서해로 빠지는 오두산 통일전망대도 보이고
가까이 남산도 보이고 멀리 관악산도 보이고
서울과 주변이 한눈에 들어왔다.

20여 년 전 평창동에 이사와
구도의 행각의 대부분을
삼각산을 오르내리면서 이루어졌는데
유독 정상인 백운대만 가지 않다가
오늘 구름에 달 가듯 다녀왔다.

봄나라 도를
봄님들이 삼각산 도라고 하는 마당에
오늘 그것도 성치 않은 몸을 돌보지 않고
불현듯 다녀온 까닭은 무엇일까?

센터가 수련실과 사무실을 갖추고
수련생 전용인 마일성(馬一成)도 보유하고
게다가 삼각산 수련원이 확정되고
제3권의 글(나는 봄의 힘으로 산다)이
마무리된 시점이어서
올라갈 자격이 주어진 것이 아닌가
지금 이 글을 쓰며 혼자 생각해 본다.

2007년 추석연휴가 시작되었다.
이제 더 이상 자랄 일은 없고
더욱 무르익어
풍성한 수확을 거둘 일만 남았다.

봄 둘_

봄나들이

원아 유종열님 소개

원아 유종열님은 해방동이로
향년 63세이십니다.
고려대 철학과를 나와
공군 정훈장교로 군복무를 필하고
(주)풍산에서 10년간 근무한 뒤
대종산업을 창업하여 키워나가던 중
40세 되던 해 어느 날 갑자기
"이렇게 살 거야?
이렇게 살지 않고 달리 사는 길은 정녕 없단 말인가?"
라고 하는 한 생각이 뇌리를 치는 바람에
그때부터 외부지향적인 삶을 청산하고
오로지 구도의 길로 방향을 전환하여
동서고금의 경전, 철학, 심리학과 관련된 서적을
약 1000권 독파하고
기존의 모든 수행법을 섭렵하였으나
새로운 삶의 길을 찾는 데 실패하셨습니다.

45세부터는 밖으로 찾는 눈길이
저절로 안으로 향하게 되면서
독자적으로
몸과 마음의 돌아봄을 통하여
동정일여, 몽중일여가 되고
본격 돌아봄을 통하여
숙면일여를 거쳐
50세 되던 해에
추구하던 자가 사라지면서
합일을 이루어
생각의 노예에서 생각의 주인으로 거듭나
봄님으로 거듭나는 쾌거를 이루었습니다.

그로부터 12여년의 세월 동안
바라봄의 생활을 통하여
봄의 힘으로
생각을 다스리고 부리는
보림의 생활을 거쳐
인터넷 모임(dorabom.cyworld.com)과
홈페이지(bomnara.com)에 올린 글을 모아
<늘봄의 생활>과
<나는 봄이다 고로 존재한다>
<나는 봄의 힘으로 산다>는
세 권의 책의 저술을 근간으로
수련회를 이끌고 있습니다.

그러므로
원아선생님이 지도하는 봄공부는
기존의 전통적인 가르침에
좌절하고 실패한 경험을 딛고 일어서서
성공을 일구어낸
독자적이고 창의적인 가르침이라고 하겠습니다.

봄나라의 봄공부는
종교의 길도 아니고 학문의 길도 아닌
삶의 길입니다.
수행과 생활이 분리되지 않아
생활 가운데서 하는
인간의 보편적인 삶의 길이라고 하겠습니다.

이미 봄공부를 통하여 지난 일 년 간
50명의 예비 합일 봄님을 탄생시키고 있는 것이
이 사실을 웅변적으로 말해주고 있습니다.

새로 오신 봄님들에게

이 글은 2006년 12월 18일
원아선생님께서 봄나라 홈페이지의
『공부의 요령』 게시판에 쓰신 글입니다.

저는 봄나라의 원아 유종열입니다.

먼저 가입인사 해주시고
제대로 공부하시려면
책자를 구입하셔야 합니다.

그리고
사이트에서 왕성한 활동하셔야 합니다.
왜냐하면 홈페이지야말로
현대판 공동체이기 때문입니다.
인터넷에서 우리는 한 집안 식구가 됩니다.

한 집에서 살고 있는 가족이나
한 방에서 같이 사는 사람보다
어느 면에서는
내면의 토로와 대화와
정보의 교류가 더욱 활발하고 적나라하기 때문입니다.

우리는 인터넷을 통해
시간과 공간을 극복하고
바로 통할 수 있으므로
특정 지역에 모여 사는
명상 공동체를 따로 하지 않아도
지구촌 어디서나
봄나라 공동체를 이룩할 수 있는 것입니다.

공부란
부정적, 소극적, 피동적, 의타적인 인간이
긍정적, 적극적, 능동적, 자발적인 인간으로
변화하는 것입니다.

그것이
에너지가 강해지는 것이고
품새가 넓어지는 것을 말합니다.

그리고 공부하시기 전에
원아를 꼭 한번 만나셔야 합니다.
여러분의 공부는
이 원아와의 1:1의 관계에서
진행되는 것이라는 점을 잊지 마시기 바랍니다.

진리란 진실로 돌아감입니다.
진실이란
우주만유가 하나의 이치이고
하나의 생명이라는 사실입니다.

그러므로 사람의 일은
사랑이 그 전부입니다.
자연을 사랑하고
인간을 사랑하는 심성으로 돌아가야
평화가 있고 자유가 있습니다.

이것이 우리가 사는 목적입니다.

아무쪼록
이곳 봄나라에서 맺은 인연공덕으로
자기를 구원하시고 인류를 구원하는
대업을 성취하시기를 축원합니다.
감사합니다.

단독면담 신청접수를 받습니다

이 글은 2006년 11월 24일
원아선생님께서 봄나라 홈페이지의
『공부의 요령』 게시판에 쓰신 글입니다.

여러분들이 자발적으로
원아에게 단독면담을 신청해야 하는데
지금까지 그렇게 신청하고 만난 사람이
극히 드뭅니다.

그래서 거꾸로
원아가 여러분들에게 신청을 합니다.

이렇게라도 하지 않으면
여러분들은
원아와의 만남을 통한
진실의 토로와
진리에의 여정이
금생에 이루어지지 않을 지도 모르기 때문입니다.

봄나라 공부를 하는 사람이라면
응당 한번쯤은
원아와 단독으로 만나야 합니다.

그 자리에서
그동안 숨겨놓고 억눌러 놓았던 사연들이
모조리
드러나고 표출되고
공감되고 치유되기 때문입니다.

자기의 고민과 문제를 토로하는 과정을 통해
자기의 문제의식이 바로 서게 되고
그 문제를 해결하기 위하여
봄나라가 있고
봄공부가 있는 것입니다.

※ 원아선생님의 단독면담

월/수 오후 2시~6시까지
(봄나라 홈페이지 『단독면담 신청』 게시판 참조)

? 봄나라 안내

봄나라는
원아선생님의
20년간의 수행 노하우가 담긴 봄공부를 통해
봄이 나(我)라는 것을 깨닫고
사람의 완성, 삶의 완성, 사랑의 완성을
실천하기 위해 모인
봄님들의 자발적이고 자연스러운 모임입니다.

현재 온라인에서는
홈페이지(bomnara.com)가 운영되고 있으며
오프라인에서는
서울 종로구 **운니동 센터**와 **삼각산 수련원**에서
책 읽기를 통한 돌아봄 수련회와
본격 돌아봄 수련회, 바라봄 수련회,
자연 바라봄 수련회가 진행되고 있습니다.

■ 봄나라 홈페이지 : bomnara.com (봄나라닷컴)
■ 봄나라 센터 : 서울 종로구 운니동 65-1 월드오피스텔
904호(사무실) 905호(수련실)
Tel. 02-765-2848 / 016-588-0378
■ 봄나라 수련원 : 서울 종로구 구기동 10-18
코지빌 A동 B01호
Tel. 02-379-9936
■ 봄나라 센터 오시는길

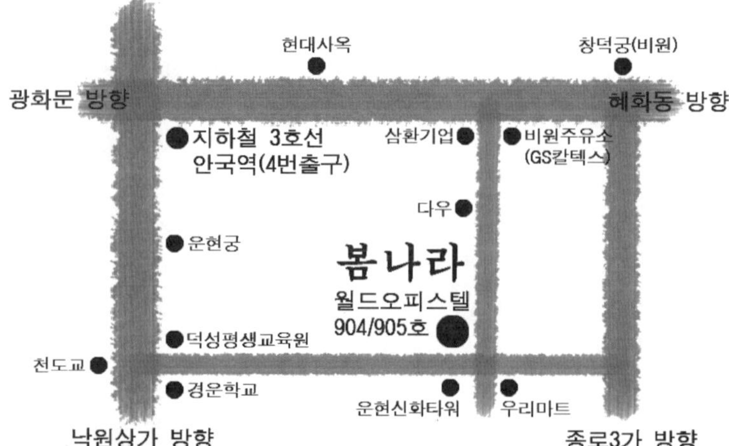